EL ALMA DE LAS NACIONES

EL ALMA DE LAS NACIONES

Alain Minc

Traducción de Manuel Serrat Crespo

Antoni Bosch editor

Antoni Bosch editor, S.A.
Palafolls 28, 08017 Barcelona, España
Tel. (+34) 93 206 07 30
info@antonibosch.com
www.antonibosch.com

Título original de la obra:
L'âme des nations

© Editions Grasset & Fasquelle, 2012.
© 2013 de la edición en español: Antoni Bosch editor, S.A.

ISBN: 978-84-940433-8-3
Depósito legal: B.701-2014

Diseño de la cubierta: Compañía
Fotocomposición: Enric Rújula
Corrección: Andreu Navarro
Impresión: Novoprint

Impreso en España
Printed in Spain

Índice

Introducción

Este libro es incongruente. No quiere ser un tratado de relaciones internacionales, tantos existen ya y admirables, ni un ensayo etnográfico, tan exigente es esta disciplina. Nace de una convicción forjada al compás de innumerables lecturas, hechas todas ellas con la libertad del paseante y la despreocupación del aficionado. En mí ha arraigado cada vez más la sensación de que los países, como los individuos, tienen un ADN y que si, también para ellos, se ha establecido una división entre lo innato y lo adquirido, su naturaleza profunda ha condicionado ampliamente su comportamiento en la escena internacional. No se trata, para mí, de creer en un determinismo genético para los Estados, pero en sus acciones, sus actitudes, sus respuestas, nada es explicable sin tener presentes también los resortes de su identidad, tal como ha influido en sus relaciones con el mundo. De ahí la búsqueda inconclusa, superficial, discutible, provocadora incluso del ADN de los actores que ocupan, desde hace medio milenio, la escena europea.

Con esta caja de herramientas he intentado recorrer, a paso de carga, esos cinco siglos durante los que se han alternado largos periodos de equilibrio y brutales rupturas. Prefiero privilegiar ese doble tiempo a someterme al yugo de la pura cronología que es, a su modo, una prisión. Brincar así a la pata coja entre esos movimientos, con difusos ADN por todo equipaje, es puro funambulismo. Conociendo las costumbres de la tribu académica, evalúo la manta de palos a la que me expongo. Pero tal vez este ejercicio sin red permita desplazar hacia el margen la iluminación y los ángulos de visión, satisfaciendo de ese modo el principio que siempre he considerado mío: nada es intangible y el riesgo del movimiento es siempre más estimulante que el culto al statu quo.

Primera parte
El ADN de los actores

1
El mar y el dinero

Inglaterra no siempre fue una isla. No hablo en el plano geográfico: supondría remontarse a la noche de los tiempos y buscar ridícu-
lamente, en los movimientos tectónicos, los resortes de la historia,
sino en el plano político: si los franceses no hubieran conseguido, a
trancas y barrancas, echar a los ingleses del Hexágono, con Francia
o, al menos, con algunas provincias francesas se habría constituido
un Reino Unido más que con el País de Gales y con Escocia. Londres
no renunció con el corazón alegre a ese destino continental: fue necesario esperar a 1801 y una amonestación de Bonaparte para que el
rey de Inglaterra dejara de presentarse como rey de Francia, por muy
privado que estuviera de territorios franceses. Continental a medias,
Inglaterra no se hubiera edificado sobre los mismos cuatro pilares
que, siendo isla, lo ha hecho: el dominio de los mares al servicio de
la construcción de un imperio; el poder del dinero y de los negocios;
el culto al Parlamento, y la obsesión de impedir que se constituyera
un Estado predominante en el continente. Estos principios recorren
los siglos desde el reinado de Isabel I hasta el de Isabel II. Dejando
aparte el Imperio, puesto que ha desaparecido, modelan hoy todavía
la política británica.

Destinada a convertirse en la primera potencia marítima e imperial de la historia, Inglaterra empieza la partida con un considerable
retraso en relación con España y Portugal. Mientras que estas se han
cincelado desde hace ya casi un siglo sus dominios de ultramar, hasta
el punto de lograr que el papa designe a la primera como potencia
predominante en el oeste, y a la segunda en el este, la Corona británi-

ca se limita a entrar en la carrera de las posesiones por la puerta falsa: la de la piratería. Puramente mercantil en el siglo XV, se hace patriótica durante el siglo siguiente, legal incluso con el reconocimiento de las «cartas de marca»: a un capitán desvalijado por un bajel extranjero se le reconocía el derecho a indemnizarse con un barco de la misma nacionalidad. Reticente primero a desafiar el Moloc español, dando validez a las acciones de los piratas ingleses contra sus navíos, Isabel I no resistió los primeros éxitos de Francis Drake que acababa de echar mano a ciertos cargamentos de oro procedentes del Perú. Financió así, de sus arcas personales, las siguientes campañas. Recibió, pues, su parte del botín que él acumuló apoderándose de navíos cargados de oro y plata procedentes de Eldorado. La reina llevó incluso su provocación hasta ennoblecer a Drake ante los propios ojos del embajador de España. El corsario se convirtió entonces en vicealmirante y, al mando de una flota real, atacó a la marina española, esta vez como soldado. Participó de este modo en los combates ante Plymouth y Calais que desembocaron, en 1588, en la destrucción de la Armada Invencible. Una marina de piratas se convirtió de este modo, tras aquel éxito de David contra Goliat, en la Navy. El entusiasmo patriótico que acompañó aquel triunfo contribuyó a hacer que, en adelante, el dominio de los mares fuera un objetivo nacional.

Ahora bien, desde este punto de vista, Inglaterra tenía todas las bazas: unos conocimientos técnicos que le permitieron, ya en aquella época, gozar de mejores bajeles que sus enemigos y, sobre todo, insularidad obliga, una inagotable reserva de marinos sagaces, temerarios y empecinados. Con el dominio de los mares, el comercio puede emprender el vuelo y la constitución de un Imperio se convierte en su consecuencia natural. Desvalijar el oro español era solo la premisa. La pasión por el azúcar lo hace florecer, como más tarde hará el entusiasmo por el té y el café. El consumismo explica mejor la dinámica imperial que la mera ética protestante del capitalismo. Así, los ingleses consumen en el siglo XVII diez veces más azúcar por cabeza que los franceses. Del mismo modo, el té y el café provocan verdaderas adicciones, prevaleciendo el primero sobre el segundo solo por el efecto de derechos aduaneros calibrados de un modo distinto. Londres comienza a convertirse en el almacén de Europa, importando mercancías, tomando lo que necesita para su consumo interior y reexportando el resto hacia el continente. Eso ocurre especialmente con el textil indio que debe pagarse a tocateja gracias al producto de otras exportaciones; así se pone en marcha progresivamente un mecanismo financiero y comercial cada vez más sofisticado.

Pero con la pasión por el textil y su corolario, la atracción por la India, Inglaterra encuentra en su camino un competidor más frágil, en apariencia, que el Imperio español, aunque comercialmente más temible: los Países Bajos y su brazo secular, la Compañía de las Indias Orientales. Esta, por sí sola, tiene dos veces más navíos que Inglaterra y ejerce en Asia un «monopolio público delegado» de una eficacia mucho más impresionante que la simple práctica de la piratería ante las costas de Jamaica. Entre ambos rivales se agudiza la competencia, hasta el punto de suscitar, entre 1652 y 1674, tres guerras comerciales que los británicos pierden, a pesar de que su flota se ha duplicado. Aunque dos veces y media menos poblados, los Países Bajos conservan su preeminencia.

En vez de empecinarse en un conflicto sin salida, como los franceses han hecho tan a menudo, los ingleses eligen la senda del pragmatismo, en nombre de lo que va a convertirse en un axioma nacional: «*If you can't beat them, join them*».[1] Primera gestión: copiar a los holandeses. De ahí la creación de la Compañía de las Indias Orientales británica, de acuerdo con el modelo holandés, y el recurso a las técnicas financieras practicadas en Ámsterdam cuando esta ciudad dominaba –de creer en Braudel– el mundo capitalista, especialmente con la creación de un banco central y el desarrollo de una bolsa.

Londres hará funcionar progresivamente el sistema a escala cada vez más amplia. Será tanto más fácil cuanto la Gloriosa Revolución de 1688 es también la oportunidad, citando la frase de Niall Ferguson, para una «fusión comercial» entre Inglaterra y los Países Bajos. Pero esta no fue tan «amistosa» –para utilizar el vocabulario de las fusiones de empresas– como podría imaginarse. Fueron necesarios 500 barcos –el doble de la Armada Invencible– y 20.000 hombres para permitir a Guillermo de Orange expulsar a Jacobo II y poner fin al reinado de los Estuardo.

El acontecimiento constituye mucho más que un cambio de dinastía. Convertido en Guillermo III, el «Stadhouder de las Provincias-Unidas» compra su legitimidad con respecto a los británicos

---

[1] «Si no podéis vencerles, uníos a ellos.»

aceptando el *Bill of Rights*. Es un alto precio: la concesión de la Corona a cambio del reconocimiento de la supremacía del Parlamento y la aceptación de los derechos individuales –para la aristocracia al menos–, entre ellos la afirmación de la libertad religiosa: se trata de «defender la libertad, la prosperidad y la religión de los súbditos de los ataques de un gobierno arbitrario». Se instala entonces, por «los siglos de los siglos», un modelo político constitutivo de la identidad británica. La democracia se identifica con una fuente de orgullo que se perpetúa hasta hoy, ante los ojos de un pueblo que habrá visto cómo sus vecinos vagan de un régimen político a otro antes de seguir su propio ejemplo.

Inmediatamente después de la coronación de Guillermo, convertido en William III, Inglaterra sigue siendo un jugador modesto: seis millones de habitantes frente a los veinte millones de franceses, recaudaciones fiscales cinco veces inferiores a las de Francia, un ejército cuatro veces más pequeño que su rival sueco. Pero dispone de una baza considerable: la estabilidad. Esta desempeña un papel clave en el increíble ascenso que hará de una modesta población insular la dueña del mundo. Estabilidad política, en efecto: los principios del régimen parlamentario se han fijado; con el paso del tiempo, tendrá que pasar del reinado de la oligarquía a la democracia electoral. Estabilidad económica: la afición al beneficio, la conquista de los mercados, la pasión del comercio inherente a la existencia de un imperio son ya irreversibles. Estabilidad instrumental: el dominio de los mares, protección de la insularidad y prenda del desarrollo imperial. Estabilidad diplomática: usar la astucia, el dinero, las alianzas de soslayo para mantener en Europa un equilibrio entre las potencias continentales, lo que supone echar una mano, en cada momento, al jugador más débil.

Increíblemente pasivo ante esta aproximación británico-holandesa, indiferente de momento al advenimiento de un rey protestante en lugar de una monarquía católica, disminuido es cierto por la inferioridad de la marina francesa, Luis XIV intenta a posteriori invertir el curso de las cosas. Pero sus tentativas acaban todas en fracaso puesto que quieren adoptar la causa de los Estuardo, apoyar los intentos de Jacobo II deseoso de poner, otra vez, los pies en las islas Británicas a partir de Irlanda y transformar el enfrentamiento en guerra religiosa. A Luis XIV no le queda más alternativa que reconocer a William en 1697 y comprometerse a no seguir apoyando a los Estuardo. El conflicto es acompañado por un sorprendente cruce de población: 50.000 hugonotes huyen a Inglaterra tras la revocación del Edicto de Nantes y aportan al capitalismo británico suplemento de «ética protestante», mientras el mismo número de católicos, partidarios de los Estuardo, emigran por su parte a Francia.

Este conflicto es el primero de los seis que, entre 1688 y 1815, permitirán a la pequeña Inglaterra tomar ascendiente sobre la poderosa Francia, limitar sus ambiciones coloniales y, peor aún, dominarla económicamente. Una vez anexionada Escocia en 1707, la Corona no tiene ya obsesión territorial mediática: puede consagrarse al dominio de los mares y a la constitución del Imperio, objetivos que, ambos, pasan por el declive de Francia, puesto que España ha entrado ya en una fase de decadencia marítima e imperial. La «fusión anglo-holandesa», desde este punto de vista, ha simplificado para Londres la situación. Se pacta un «Yalta colonial» entre Inglaterra y los Países Bajos: Indonesia y el comercio de las especias para los holandeses; la ambición india y el comercio textil para los británicos.

La India está, en 1700, veinte veces más poblada que las islas Británicas. Es una inmensa potencia económica –el 24% de la producción mundial por el 3% de Inglaterra. Dominado por la dinastía de los Mughals, su sistema político parece sólido. La idea de una conquista del subcontinente a partir de algunas minucias controladas, en la periferia, por la Compañía de las Indias Orientales solo puede hacer reír a Delhi. Sin embargo, un siglo y medio más tarde será un hecho. En primer lugar, gracias a la renuncia de Francia a cualquier ambición india cuando termina la guerra de los Siete Años (1756-1763). Luego, gracias a un asiduo *lobbying* de la compañía ante el emperador Mughal, que le confía la administración de varias provincias y el derecho a cobrar impuestos. Finalmente, por efectos de una hábil política, decidida por el *Regulating Act* de 1773, que pretende lograr una mezcla entre los coloniales de la compañía y las élites indias. La fuerte implantación de los escoceses facilitó esa hibridación: marcados a su vez por su complejo de minoritarios, están más inclinados que otros a respetar la cultura india y a concentrarse en su objetivo –amasar una inmensa fortuna y repatriarla a Londres. Esos «nababs» –pues ese es el término original que designa a los británicos de transferir sus haberes a Inglaterra– solo son conquistadores por necesidad. El dominio del subcontinente exige, sin embargo, importantes medios: la compañía tiene, en los años 1750, 100.000 hombres armados para mantener el orden, conquistar nuevas provincias y hacer que cesen las guerras intestinas entre autóctonos.

El ascenso inglés desde 1600 se resume –siguiendo también a Niall Ferguson– en un cuádruple movimiento: robar a los españoles, copiar a los holandeses, derrotar a los franceses y desvalijar a los indios. Pero esta política cuesta cara. Exige reforzar continuamente la Navy, de modo que sea superior en un 50% por lo menos –y será un principio hasta 1945– a la de su principal rival; eso supone invertir mucho en ultramar: en la India, en Canadá y en otros lugares; requiere levantar algunas tropas británicas –el Parlamento se muestra, a este respecto, muy avaro–, enrolar hordas de mercenarios y financiar el armamento de los aliados. Inglaterra consagra tres veces más dinero que Francia (porcentaje de su riqueza) a sus gastos militares directos y, sobre todo, indirectos (mercenarios, subvenciones). Necesita, pues, un sofisticado sistema financiero para obtener préstamos masivos y un régimen fiscal eficaz que asegure el servicio de la deuda sin provocar levantamientos por parte de los contribuyentes. El progreso técnico de la City permite a la Corona multiplicar por 24 su endeudamiento entre 1689 y 1815, y la existencia de impuestos de amplia base de la que no está exenta la aristocracia –¡qué diferencia con Francia!– permite obtener, en 1789, una proporción tres veces mayor de recaudación fiscal con respecto a Francia, sin provocar revoluciones ni revueltas. La deuda pública ha pasado de catorce millones de libras en 1700 a setecientos millones en 1815 y la carga de los intereses alcanza el 50% del presupuesto en tiempos de paz. Multiplicar las rentas procedentes del Imperio y entregarse con eficacia a su explotación se hace vital.

La preocupación económica, desde entonces, no deja de desempeñar el papel que corresponde al universalismo francés en materia de colonización. Exige establecer en el Imperio, especialmente en la India, el respeto por la propiedad y la definición de reglas jurídicas estables en beneficio de los indígenas, para insertarlos en el circuito económico. El Imperio va sustituyendo, progresivamente, a la Europa continental en el comercio británico. La participación de esta cae así del 74% en 1713 al 33% en 1803. Nada atestigua mejor la visión mercantil que Inglaterra tiene de las relaciones internacionales que su actitud tras la independencia de Estados Unidos. En vez de inmovilizarse por mucho tiempo en una posición de hostilidad política, Londres hace que prevalga la ley de los intereses concediendo a los bajeles norteamericanos, cuando la antigua colonia se ha hecho ya independiente, los mismos privilegios en el Imperio que a los navíos británicos. Eso supone prescindir del orgullo para mantener a Estados Unidos en la esfera proteccionista colonial. Resultado: vencedora, junto a los insurrectos, en la guerra de la Independencia, Francia solo gana la gloria; humillado, el Reino Unidos conserva sin embargo un dominio económico sobre su antigua colonia. ¡El sentido del beneficio fabrica el empirismo! Una vez decaída Francia, a partir de 1815, el Reino Unido puede llevar a cabo una política de desendeudamiento. Los gastos militares son menos pesados, concentrados en el mantenimiento de la primacía de la Navy; no sirven ya para enrolar mercenarios y subvencionar a los aliados.

Puesto que el Concierto de las Naciones asegura el orden en Europa, la obsesión se dirige hacia el comercio, el desarrollo del Imperio y la búsqueda de salidas en el mundo no occidental. De ahí la intensidad del debate interior, sin equivalente en ningún otro país, sobre el proteccionismo y la progresiva victoria del librecambio. De ahí el dominio cada vez más pronunciado sobre las colonias con, como piedra angular, la transferencia del poder, tras algunos motines locales, de la Compañía de las Indias Orientales a la Corona. Es el mismo objetivo que justifica la incansable política de Palmerston consistente en crear satélites de acuerdo con el modelo inglés como paso previo a la apertura de los mercados locales.

Pero evidentemente la gestión de la India representa el alfa y el omega del método británico. La creación del New Government of India es acompañada por una garantía financiera para que asegure la confianza de los prestamistas y de un sistema político marcado por los principios caros a Gladstone —un presupuesto equilibrado, una moneda estable, una fiscalidad no discriminatoria. El Indian Civil Service es un cuerpo de élite que permite encuadrar el subcontinente con apenas unos miles de funcionarios blancos. El ejército indio está dirigido con mano de hierro para garantizar el orden al este de Suez. Escuelas de alto nivel —algunas «Eton indias», dicen— permiten formar una élite local que acumula el privilegio de los brahmanes y la mediocridad a la europea, mientras que los indios más brillantes y más aristocráticos son enviados al «alma mater» británica, a Oxford y Cambridge. Se trata, una vez más, de la capacidad de fabricar repetidores locales y multiplicar así los limitados medios de la Corona que caracteriza la andadura británica, al igual que, en el plano diplomático, el arte y el modo de lograr que las potencias europeas se levanten unas contra otras. El proceso no carece evidentemente de sobresaltos: se trata de generar una actividad económica que baste para cobrar impuestos, financiar el ejército, evitar el impago de la deuda sin provocar descontentos locales que pondrían en fuga a los inversores.

Se trata de una andadura colonial en los antípodas del enfoque francés. Del lado británico, primacía del comercio y la economía; de nuestro lado, la conquista de territorios. Para los primeros, el gobierno por las élites locales, en ósmosis con una tecnocracia colonizadora de gran calidad y poco numerosa; para nosotros, la proyección del estilo de administración prefectural, pintado de colores locales. Visto por Londres, el desarrollo económico de las colonias enriquece a la madre patria a la sombra de la protección tarifaria imperial. En París, por el contrario, el imperativo se dirige a la constitución de rentas locales en beneficio de los colonos, sin que la metrópoli obtenga de ello verdaderas ventajas económicas. Con este espíritu, se impone un modus vivendi en el conjunto de las colonias británicas. Generoso con los territorios de población occidental como el Canadá, Australia, Nueva Zelanda. Paternalista en Egipto y en la India. Más autoritario en África, con la intervención de compañías constituidas sobre el modelo de la East India Company aunque menos sofisticadas en el ejercicio del poder. Así comenzó a esbozarse una Commonwealth cuya estructura empírica, tan típicamente británica, le permitirá encajar los golpes y asegurar, llegado el momento, una transición bastante natural entre el Imperio y una organización descentralizada, simbólica y afectiva en adelante, pero cuya mera existencia permite todavía al Reino Unido desempeñar un papel superior a sus medios.

Inglaterra pudo, de 1815 a 1870, abstraerse en lo esencial de su necesidad de manipular la escena europea, para evitar la constitución de una coalición hostil que reuniese, contra ella, las potencias continentales. Aunque las circunstancias más bien protegieron al reino durante su magisterio, Palmerston trazó la línea con más crudeza que todos sus predecesores y sucesores. «El reino no tiene enemigos perpetuos ni amigos eternos; solo tiene intereses.» Liberado de la obsesión por un ataque de Jarnac, que ha abandonado el continente, el Reino Unido pudo privilegiar a su guisa el mar abierto, las participaciones en el mercado, el comercio y el Imperio al abrigo de una flota cuya superioridad nadie intentó discutir durante aquellos benditos años.

Distraídos y desatentos, los gobernantes de Londres ya no ven, en los años 1860, cómo ruedan los dados en el continente. Los dos rivales de aquella época, Disraeli y Gladstone, no comprendieron en absoluto el ascenso de Prusia; asistieron como espectadores a la guerra austro-prusiana y a un desenlace que, gracias a la contención de Bismarck, abriría el camino a la resurrección del Reich. Asimismo, se les escaparon las probables consecuencias de la guerra de 1870: Disraeli jugó al Poncio Pilatos prefiriendo consagrarse al Imperio. Ofreció así a Victoria el título de emperatriz de las Indias en el que ella soñaba y se preocupó, casi exclusivamente, de proteger las líneas de comunicación con el subcontinente, aunque fuese a costa de fuertes tensiones con Rusia. De hecho, una vez Bismarck fue apartado de los asuntos públicos por Guillermo II, y abandonado el poderío alemán al albur de las chifladuras del Kaiser, el Reino Unido regresó a su principio cardinal de equilibrio en el continente. Desde este punto de vista, la prioridad que Alemania dio a la construcción de una flota que pudiese discutir la superioridad británica constituye un «trapo rojo» ante los ojos de los ingleses. Cuestionar el ascendiente británico en los mares constituye la peor de las provocaciones. De ahí, en 1904, la Entente cordiale con Francia. Reacción de absoluto clasicismo ante la afirmación de las ambiciones alemanas. Nada podía demostrar mejor la fuerza del principio de equilibrio continental que la constitución de una alianza tan contraria a la historia. Entre el enemigo hereditario, Francia, y el país gemelo, Alemania, dirigida por una monarquía con vínculos de sangre con los Windsor, solo la razón de estado pudo llevar a elegir a la primera, porque está debilitada, a expensas de la segunda, que se ha vuelto amenazadora por el propio exceso de su poder.

Pero el juego de la balanza funciona de nuevo al terminar la Gran Guerra. El Reino Unido no tuvo más objetivo, una vez lograda la victoria, que contrarrestar la voluntad francesa de abatir Alemania.

Negativa de Lloyd George a aceptar la frontera del Rin, deseo de preservar una Alemania coherente, reticencias ante unas reparaciones exorbitantes: Inglaterra no dejó de cepillar los intentos de su aliada. No obstante, obligados a permitir que los franceses marcaran en parte el tempo durante las negociaciones de Versalles, los ingleses apoyaron en los años veinte todas las reivindicaciones alemanas destinadas a reducir el pacto del tratado de paz.

Pero a veces los principios más arraigados vacilan. Así sucede con la increíble ceguera británica tras la llegada de Hitler al poder y, como advierte Churchill en sus *Memorias de guerra*, con el absurdo trabajo de zapa llevado a cabo por Londres contra las posiciones francesas. Del acuerdo unilateral dado a la reconstitución de la flota alemana a la no intervención en España, de la blandura, en 1936, ante la remilitarización de Renania al papel motor desempeñado por Chamberlain en Múnich, Inglaterra no era ya ella misma. Fue necesario aguardar el milagro de junio de 1940, en este caso la elección que hizo Jorge VI, tras la dimisión de Chamberlain, de Churchill en vez del pusilánime Halifax, candidato legítimo a Downing Street, para ver de nuevo al verdadero Reino Unido.

Nadie ha encarnado mejor, jamás, como el Viejo León los principios cardinales de Inglaterra. El dominio de los mares es la obsesión del antiguo Primer Lord del Almirantazgo y no cesó de intentar preservarlo. La voluntad de mantener el Imperio: fue el origen de todas las amistosas justas de armas con los norteamericanos, dirigidos por un Roosevelt visceralmente anticolonialista. La protección de los intereses financieros británicos en ultramar: Keynes peleó, a arañazos y mordiscos, contra sus *alter ego* estadounidenses para salvaguardarlos y evitar que se los entregara como garantía en beneficio de los acreedores del reino. La estabilidad del modelo parlamentario y del Estado de derecho: nunca Churchill intentó jugar al dictador de salvación pública y cortocircuitar Westminster; dio cuentas al Parlamento, en tiempos de guerra, como pocos gobiernos lo harían en otra parte, ni siquiera en tiempos de paz. Por lo que se refiere al hábeas corpus solo se produjeron modestas transgresiones. Con Churchill combatía la Inglaterra eterna. Ella se expresaba también tras la capitulación alemana. Ayudar a Francia a ser invitada a la mesa de los vencedores suponía crear un contrapeso frente al ogro soviético. Alentar la instauración de la República federal era, a la inversa, sugerir que los franceses ejercieran una autoridad en exceso completa sobre el oeste de Europa.

Dividir, dividir, dividir: política de absoluta sencillez que proseguirá, cuando llegue el momento, en el seno de la Comunidad Europea y que recuperará su verdor histórico con ocasión de la caída del Muro, con una Margaret Thatcher dispuesta a todos los pactos fáusticos con el único fin de evitar la reunificación alemana. En lo referente a la habilidad adquirida durante decenios de *indirect rule*, es decir, influir a falta de poder mandar, permite hoy todavía a los británicos ejercer en todas las instituciones internacionales un papel desproporcionado con respecto a su peso real. La perennidad de la Commonwealth es, ciertamente, una baza clave, aunque solo sea simbólica. Incluso sin el Imperio, el Reino Unido no está solo en el mundo: los vínculos con los antiguos dominios no dependen de una habilidad neocolonialista, sino de una historia común y conservan hoy todavía un valor estratégico, aunque modesto. Así, los fundamentos de Inglaterra tal como se establecieron en el momento de la Gloriosa Revolución, se han perpetuado hasta hoy. Prueba, si las hay, de que pueden existir invariables en la historia.

2

Pueblo-nación y Estado racional

El ADN de Alemania es tan complejo como sencillo es el de Inglaterra. Mezcla dos fuerzas que, según los momentos, se ignoran, se conjugan o se adicionan. Un pueblo-nación moldeado por su identidad lingüística, cultural, mística incluso, indiferente a la geografía y, por tanto, en los antípodas del modelo del Estado-nación tan caro a los franceses. El culto del «Estado racional» de acuerdo con las palabras de Hegel, que ha tomado, al hilo de los siglos, el rostro de Prusia encarna, por su parte, un nacionalismo de «sangre y hierro» que no siempre forma cuerpo con el mito del pueblo-nación. Ambos habrán convergido, en cambio, en el siglo XX, primero con la monstruosa forma del nazismo y, más adelante, con la sofisticada y sonriente fórmula del «patriotismo constitucional» tan caro a Habermas. Pero este ADN de doble hélice no ha dejado de manifestarse en un entorno lleno de contradicciones.

Primera contradicción: entre la geografía y el sistema político. Alemania nunca tuvo fronteras naturales pero, sin embargo, conoció la más antigua estructura política occidental con el Reich nacido en 843 con ocasión del tratado de Verdún. El Reich no coincide nunca con el pueblo alemán: siempre es más restringido o más amplio, y su vocación de universalismo es, de todos modos, contraria a la propia idea de frontera. Afirmándose heredero del Imperio romano, el Reich estima en efecto que encarna la quintaesencia de la civilización. Cuando en el siglo XV se transforma en Sacro Imperio romano de la nación alemana, reconoce la contradicción que corre por sus genes. Sacro Imperio apunta al universalismo, aunque sea a costa de un conflicto con el papa. Encargándose de la nación alemana, está buscando una identidad que no se confunde con una forma clásica de Estado. La dinastía de los Hohenstaufen había intentado superar este hiato, pero sus aventuras italianas la habían condenado al fracaso. Los Habsburgo, por su parte, se acomodan a él pues, obsesionados por el dominio de sus propios territorios dinásticos, no soportan ver cómo se mina desde el interior la dignidad imperial alemana. Su sueño, siempre abortado, de conquistar Baviera les importa más que intentar restaurar la autoridad del emperador del Reich.

Segunda contradicción: entre la división religiosa y la ambición imperial. En un atajo tan típico de su modo de pensar, Napoleón afirmó que, si Carlos V se hubiera puesto a la cabeza del protestantismo, habría realizado la unidad de Alemania y, por tanto, resuelto la eterna cuestión alemana. Sin duda es cierto. La revolución luterana no desembocó en las conmociones que llevaba en germen, pues no encontró una consumación estatal. Sin duda, la traducción y la difusión de la Biblia en alemán desempeñaron un papel decisivo en la afirmación de la lengua como matriz del pueblo-nación, pero en cambio fracasó a la hora de transformar la naturaleza política del Reich.

Objeto de la hostilidad del papa por sus vínculos con los grandes señores feudales del Imperio, el luteranismo acabó paradójicamente reforzándolos. La reforma luterana habría podido ser el vector del universalismo; sublimó, por el contrario, los particularismos. A falta de conseguir encarnar al pueblo, fue finalmente el furriel de los príncipes. En vez de fabricar una nación, acabó en una división religiosa que separó la religión en dos y, sobre todo, fortaleció la multitud de principados y territorios autónomos. Tras haber proclamado en voz alta y fuerte la libertad del cristiano, Lutero acabó colocándolo bajo la férula de los príncipes: aterrado sin duda por la idea de poner al pueblo en movimiento, proclamó en efecto que toda revuelta contra la autoridad es una revuelta contra Dios. Con tal afirmación de principio, el elogio de la libertad se convierte en una enseñanza de la sumisión. El principio de la paz de Augsburgo, en 1555, es desde este punto de vista la quintaesencia del conservadurismo: *Cujus regio, ejus religio* –la religión del príncipe se convierte en la de su Estado–, lo que no deja mucho lugar al libre albedrío de las poblaciones.

La consecuencia política es, por su parte, límpida: si los príncipes se ven fortalecidos, el Imperio, en cambio, queda debilitado. El tratado de Westfalia será, un siglo más tarde, la perfecta traducción de todo ello. Sacraliza la fragmentación de Alemania a partir de la clave religiosa y, suprema humillación para los alemanes, convierte a Suecia y Francia en los garantes de ese desmigajamiento. Sin proclamarlo, es el final del universalismo del Reich. Este ya solo es una «cooperativa de príncipes» bajo la autoridad del más poderoso de todos ellos, el Habsburgo. Así desencarnado, el Reich sobrevivirá sin embargo hasta 1806.

Tercera contradicción entre el imperativo local y la proyección fuera del Imperio. Para un príncipe alemán, el poderío solo puede proceder del exterior. Las fronteras de su Estado no se mueven; el título de rey le está prohibido en el interior del Reich, regla destinada a asegurar la primacía del emperador. El statu quo parece intangible. Solo hay válvula para la ambición fuera del Reich. Así sucede con el elector de Hannover, que se convierte en rey de Inglaterra en 1714. Así sucede también con la obsesión de los sucesivos electores de Sajonia para ser elegidos reyes de Polonia, con el duque de Holstein por lo demás rey de Dinamarca, con el lord de Pomerania, que no es sino el rey de Suecia. Así sucede con la colonización de la Prusia oriental por caballeros teutones, a instigación de los Hohenzollern, demasiado constreñidos a la cabeza del más pequeño de los territorios que corresponden al elector, Brandeburgo. Convirtiéndose en Gran Maestre de la orden de los Caballeros teutones y fusionando las tierras de la orden con su propio principado, el elector evita la prohibición de una corona real y se proclama, en 1701, no rey de Prusia, sino rey *en* Prusia. Estas extensiones fuera del Imperio siguen siendo modestas comparadas con las ambiciones territoriales de los Habsburgo: embridados como emperadores alemanes, estos no dejaron, como emperadores de Austria, de extender su dominio por la guerra o, más cómodamente, por hábiles maniobras matrimoniales. Para los príncipes alemanes, el cambio solo puede proceder, pues, de operaciones ajenas a la vida del Reich.

Cuarta contradicción: entre los objetivos proclamados de la conquista napoleónica y sus efectos reales. Napoleón es, en efecto, la involuntaria partera de Alemania. Canta el responso del Imperio, que desaparece en 1806, pero reúne todos los Estados alemanes, salvo Prusia y Austria, en una Confederación del Rin de la que se convierte en protector. Importando a Alemania los valores de la Revolución francesa –el final de los privilegios aristocráticos y eclesiásticos, la emancipación de los judíos, el Código civil, la aparición de la clase media– y jugando con los principados que reforma con sus propias manos, debilita la lealtad de los súbditos hacia sus príncipes y, por consiguiente, los empuja a sentirse menos sajones o menos bávaros que alemanes. Frente a la concepción francesa de la nación-contrato se desarrolla la visión alemana de una nación-fuerza vital –*volksgeist*. Esta se afirma oponiéndose al cosmopolitismo de las élites de finales del siglo XVIII, los Lessing y los Goethe para quienes, como este había escrito, «el patriotismo es una heroica debilidad». Lo que Napoleón reprochaba a Carlos V por no haber sabido consumarlo, Alemania lo realizará gracias a su involuntaria instigación.

En un siglo, de mediados del XVIII a mediados del XIX, van a entrelazarse los dos componentes del ADN alemán, las premisas del Estado racional y la proclamación del pueblo-nación. No es la construcción barroca del Imperio de los Habsburgo lo que permitirá edificar un Estado racional, sino la metamorfosis del pequeño electorado de Brandeburgo convertido en reino de Prusia. Bastan tres reinados –Federico Guillermo (1640-1688), Federico-Guillermo I (1713-1740) y, claro está, Federico II (1740-1786)– para establecer en un territorio mediocre el primer Estado moderno. Un ejército, una burocracia, una autoridad radical: ese es el tríptico del Estado racional. Con los *junkers* prusianos, Federico-Guillermo I y Federico II disponen de una aristocracia infinitamente más manipulable de lo que son los Grandes para Luis XIV y Luis XV. Políticamente en la edad de piedra y, por tanto, sin más ambición que la de servir a su rey, los *junkers* son en cambio económica y administrativamente modernos. Comparten el deseo de su soberano de levantar, a partir de unos pocos arpendes de landa arenosa, una gran potencia. Este es el resorte de Federico II: convertir Prusia en un actor principal de la escena europea y, particularmente, en un rival de Austria. Pero no intenta realizar la unidad alemana: sus innumerables guerras no pretenden conquistar Alemana y unificarla, sino extender su reino y permitirle inmiscuirse en la partida europea. Solo un siglo más tarde el Estado racional prusiano se pondrá al servicio del pueblo-nación alemán.

La tradición exige que se hagan nacer el nacionalismo alemán del *Discurso a la nación alemana* de Fichte; es decir, de las catorce conferencias pronunciadas a partir del 13 de diciembre de 1807 en la Academia de Ciencias de Berlín. Evidentemente, es un atajo. Cuarenta años antes, Herder había alabado ya el genio de la lengua y de la literatura como matriz de la nación. Pero fue Fichte quien, en un lenguaje abstruso, fija los caracteres del pueblo-nación alemán. No se refiere en absoluto al Sacro Imperio Romano-Germánico, compartiendo sin duda el punto de vista de Voltaire según el cual ese conjunto no es «sacro, ni imperio, ni romano». Pero la lengua, en cambio, está en el meollo de la nación alemana: «He aquí la solución de nuestra pregunta sobre la diferencia entre el pueblo alemán y los demás pueblos de origen germánico. Esta diferencia se produjo desde la separación de una rama común: los alemanes siguieron hablando una lengua que vivía su vida natural y original; las demás ramas germánicas fueron a tomar una lengua cuyas ramas parecían vivas aún, pero cuyas raíces estaban muertas. Hemos conservado la virilidad que los demás han perdido: de ahí procede la diferencia entre ellos y nosotros...».

La lengua fundamenta la cultura, la cultura define la nación alemana, la nación alemana tiene el encargo de regenerar el mundo. Este es el credo de Fichte: cree en la elección divina del pueblo alemán, lo que no puede sino predisponerle, cuando llegue la hora, a un choque con otro pueblo elegido... La *Kulturnation* define un pueblo sin Estado, instalado en un territorio de fronteras inciertas, cuya identidad se apoya en la lengua, la cultura y la sangre. Obsesión francesa, en este nacionalismo las fronteras son solo accesorias: durante mucho tiempo no hicieron más que dividir al pueblo-nación y no dejarán de fluctuar una vez que este haya sido unificado. Fichte es un Lutero sin la Reforma; se considera profético sobre la capacidad de Alemania para encargarse de la redención del mundo, puesto que los franceses han fracasado como misioneros de la libertad. A un nacionalismo tan intenso de nada le sirven los equilibrios del poder o las leyes del comercio. Semejante regeneración de la nación solo puede proceder de la educación: esta perpetúa la comunidad nacional, independientemente de los rangos y los estatus. No puede imaginarse un sistema más antinómico de la visión francesa de la nación, basada en el poderío del Estado, la adhesión de los ciudadanos y el «plebiscito de cada día» tan caro, unos decenios más tarde, a Renan. El enfrentamiento de las dos ideologías nacionales está ya emplazado, mucho antes del combate de las armas.

Cuando Fichte lanza su panfleto, el Estado racional, es decir Prusia, está en lo más bajo. Solo debe su supervivencia a Alejandro I, que obtiene, en Tilsit, esta concesión de Napoleón a cambio de la instauración del gran ducado de Varsovia. Encerrada en sus múltiples obligaciones, especialmente militares, Prusia solo puede mantener el poder de su ejército por medio de la instauración de un servicio militar general. Esta medida de circunstancia se revelará decisiva: lleva hasta el paroxismo la militarización de la sociedad prusiana, lo que la distingue de su rival austriaca. Esta «leva de masas» encuentra su piedra angular en Leipzig y en Waterloo. Participa en la afirmación del Estado racional. Prusia se ha identificado con un arranque militar, pero no con el éxito de una guerrilla antifrancesa, a diferencia de España: el mito del levantamiento anti-Napoleón solo será, en el flanco oriental, una construcción a posteriori.

Tras el Congreso de Viena, el Estado racional y el pueblo-nación solo divergen. En una Confederación germánica de 39 Estados, provista de una Dieta rabadilla, formalmente presidida por Austria, Prusia prosigue su *Sonderweg* –su propio camino: absolutista, militar, fuertemente administrado, vuelto hacia la edificación de un sistema universitario y provisto, muy pronto, de una ambición económica. La firma en 1834 de una primera unión aduanera –el *Zollverein*– atestigua el mercantilismo prusiano: este es solo la cara económica del racionalismo estatal. Ver en ello la traducción, a un orden económico, del pueblo-nación es una ilusión: es la manifestación del dinamismo prusiano que ha comprendido, mirando a Inglaterra, cómo la fuerza económica es el complemento natural del poderío militar.

En cambio, la aspiración nacional se identifica, durante aquellos años, con el combate por las libertades con, como salida natural, la revolución de 1848. Pero el fracaso de esta cierra el breve paréntesis durante el cual, como reacción al conservadurismo de la Santa-Alianza, el nacionalismo alemán ha sido sinónimo de liberalismo. En la riada de las represalias contrarrevolucionarias, cae de nuevo del lado de la reacción.

Es el momento en que Prusia cambia de naturaleza. Obsesionada por la voluntad de convertirse en una gran potencia, de preservar luego ese estatuto, se arroja, bajo la férula de Bismarck, a una nueva ambición: convertir su Estado racional en el instrumento del pueblo-nación y, por tanto, en la palanca de la unidad alemana; Alemania debe convertirse, «por el hierro y la sangre», en la prolongación de Prusia. Las palabras no son gratuitas: «el hierro» simboliza la potencia económica, «la sangre» la ambición política impulsada por el recurso a la guerra. Por lo que se refiere a las relaciones internacionales, proceden de un «derecho que es la bien entendida política del poderío». El aparato administrativo, el florecimiento capitalista, la fuerza militar se conjugan, bajo una férula absolutista pero sublimemente inteligente, al servicio de un solo objetivo: dar un marco estatal al pueblo-nación. Este marco solo puede ser el del Estado racional prusiano. Impotente Austria tras su derrota en Sadowa (1866), vencida Francia en un abrir y cerrar de ojos, Bismarck puede establecer el II Reich y proseguir, hasta su destitución en 1890, la acción centralizadora bajo la égida de Prusia. Las instituciones imperiales ilustran esta filosofía: el rey y el ministro-presidente de Prusia son emperador y canciller de Alemania; los ministerios son, originalmente, los de Prusia. El sistema se establece de modo que evite cualquier contradicción entre Prusia y los demás Estados del Imperio. Estos conservan su identidad política y sus tradiciones: no son anexionados ni colonizados.

Es, como subrayó Disraeli, una verdadera «revolución alemana»: política, industrial, militar, demográfica –de 1871 a 1914, la población del Imperio pasa de 41 a 67 millones de habitantes. En cuanto el pueblo-nación, se identifica con un Estado, un territorio, unas fronteras, la cuestión alemana cambia de naturaleza: no es ya el reflejo de una identidad desencarnada en busca de sí misma; se convierte en un problema para los demás, tan evidente es su superpotencia. Bismarck resolvió, en vida, esta ecuación con el mero juego de su inteligencia, atemperando siempre su influencia con una deliberada contención.

Ha dejado a un lado un aspecto esencial y amenazador del discurso de Fichte: la vocación del pueblo alemán de regenerar el mundo. De ahí su política más bien pacifista, basada en sutiles juegos de alianzas y contra alianzas y sin buscar en absoluto el expansionismo territorial: nunca se le ocurrió la idea del *Anschluss*, la anexión de Austria, en este caso. Ni siquiera el más banal colonialismo, a imagen de Inglaterra y de Francia, se incluye en su proyecto. Así pues, en 1888 responde al explorador Wolf, que ha ido a abogar por la causa de una expansión africana: «Su mapa de África es hermoso, ciertamente, pero mi mapa de África está aquí, en Europa. Aquí está Rusia y aquí está Francia y nosotros estamos en medio: ese es mi mapa de África». Esta idea de Alemania, anclada ya en sus fronteras, se encarna en el derecho de nacionalidad. El código de 1871 establece que es alemán cualquier individuo nacido en suelo alemán. El pueblo-nación permanece encerrado, de este modo, en un espacio estable.

Pero, contrario a la propia naturaleza de un pueblo-nación, el derecho del suelo cederá su lugar, en 1913, al derecho de sangre: es alemana cualquier persona nacida de padres alemanes, ya sea en territorio del Reich o en cualquier otra parte. Inmensa confesión que atestigua, barrida ya la contención bismarckiana, una nueva realidad: las fronteras del Estado racional no corresponden al espacio en el que vive el pueblo-nación. Es una manifestación entre otras de la incapacidad del Reich, apartado Bismarck por Guillermo II, para dominar su propia energía. De ahí la constitución de alianzas en Europa con, como único resorte, el temor a Alemania: firma de una alianza militar franco-rusa para encerrar al Reich en su territorio y establecimiento, a pesar de siglos de conflictos y rivalidades, de la Entente cordiale para levantar en todas partes del mundo una barrera contra las ambiciones alemanas.

La Alemania postbismarckiana quiere recuperar el tiempo perdido en materia de colonialismo y lo afirma con resentimiento, al igual que Bülow declaraba en 1899: «No podemos permitir que ninguna potencia extranjera, ningún Júpiter extranjero nos diga: "¿Qué hacer? La distribución del mundo se ha efectuado ya"». Mezclando la fuerza moderna de las democracias con el ejercicio autocrático del poder propio de las monarquías orientales, el Reich cree no tener más límites para su acción que las que él mismo se ha fijado.

Ante semejante psicología, ¿cómo puede el tratado de Versalles, tras la Primera Guerra Mundial, ser admitido por la opinión pública alemana? Puesto que el territorio del Reich no ha sido invadido, la población no tiene la sensación de haber perdido la guerra. Son la ocupación, las destrucciones, las exacciones lo que atestigua habitualmente una derrota. No es así en 1918. Ahora bien, el tratado la emprende con el territorio del pueblo-nación, amputándolo del 20%, lo que multiplica el número de alemanes fuera de las fronteras; por añadidura desarticula el Estado racional, con la imposición de reparaciones y los brutales límites puestos a su fuerza militar. Las dificultades propias de la República de Weimar harán que el principio republicano se contradiga con la filosofía del Estado que los alemanes habían adoptado bajo la férula prusiana, y tanto más cuanto, antes de 1919, su memoria democrática se aproximaba al cero.

El periodo 1919-1933 ve, pues, negado por los hechos el doble ADN alemán, pueblo-nación y Estado racional. De ahí a afirmar que es ineluctable el advenimiento de un III Reich hay, evidentemente, un paso que no debe darse. Intrínsecamente inestable, la situación habría podido perpetuarse durante decenios, siglos incluso, como a menudo en la historia. Del mismo modo, aunque el ADN alemán debía terminar prevaleciendo de nuevo, nada obligaba a que inventase la forma demoniaca del nazismo o, utilizando la sorprendente formulación de Benedicto XVI, por aquel entonces cardenal Ratzinger, a que «el Maligno adoptara el rostro de un pequeño bribón».

Pero, una vez emplazado, el poder hitleriano llevó hasta la locura la doble aspiración alemana: las fronteras del Estado racional deben desplazarse para que reúnan la integridad del pueblo-nación y, fiel al deber redentor proclamado por Fichte, pueblo elegido por Dios, Alemania tiene la misión de dominar el mundo. Lograrlo exige, naturalmente, llevar hasta el paroxismo los caracteres del Estado racional, eliminar físicamente al otro pueblo elegido, el pueblo judío, dominar las poblaciones esclavas del Este, aniquilar a los rivales franceses e ingleses y aceptar solo el compromiso con la lejana América. El III Reich no es la reencarnación del Sacro Imperio ni la resurrección del II Reich wilhelmniano, pero al igual que un ADN que puede, en biología, producir una variante monstruosa, el ADN alemán no es ajeno al nazismo.

No lo es tampoco, esta vez afortunadamente, a la República Federal, tal como se encarnó en la Alemania burguesa de Bonn hasta 1989 y, luego, en la Alemania unificada de Berlín, una vez disuelta la República Democrática Alemana en beneficio de los nuevos *Länder* de la Bundesrepublik. ¿Y el pueblo-nación? Perduró gracias a la perpetuación del derecho de sangre hasta la reforma Schröder de 1999, que introdujo una dosis de derecho del suelo en el acceso a la ciudadanía alemana. ¿Y el pueblo-nación? Se ve al trasluz en la decisión, en 1949, de no establecer una Constitución mientras Alemania no sea reunificada y contentarse con una Ley fundamental. ¿Y el pueblo-nación? Se transparenta en el artículo 23 de la Ley fundamental, que prevé la adhesión de los nuevos *Länder* a la República Federal. Esta, de hecho, quiere ser el receptáculo híperdemocrático del pueblo-nación. Ha desempeñado este papel, desde 1989, para con los inmigrantes procedentes de Rusia y de la Europa central que podían presentar unos abuelos alemanes, ilusorios a veces, y convertirse así en ciudadanos alemanes ante la indignación de los demás inmigrantes condenados al estatuto, menos reluciente, de *Gastarbeiter* –trabajadores-huéspedes.

¿Y el Estado racional? No se manifiesta ya por medio de su forma prusiana, reaccionaria y autocrática, sino del modo inesperado y seductor que expresa «el patriotismo constitucional» de Habermas. Ascendido a profeta de la democracia alemana, este sustituye el culto al jefe por la devoción al Estado de derecho, el respeto debido al Estado por el desarrollo de poderes y contrapoderes –los *checks and balances* de la tradición norteamericana–, el peso de la autoridad vertical por la afición al consenso y el compromiso. Desde este punto de vista, el Estado «habermasiano» parece en los antípodas del Estado «hegeliano», pero ambos comparten, sin embargo, la misma devoción con respecto a la regla de derecho. El primero está tan adaptado a la época democrática como lo estaba el segundo bajo el reinado del absolutismo.

La innovación está en otra parte: en la vocación europea de República Federal. Esta se ve como un inmenso *Land* en pleno corazón de una «supra-República Federal», la Unión Europea. Para el ADN alemán es una conmoción. Este se metamorfosea hasta el punto de tomar a contrapelo el culto «fichteano» a la redención. No se trata de asumir la regeneración del mundo bajo influencia alemana, sino de ser percibido en la escena mundial como el mejor alumno de la clase europea. El ejemplo a falta de la autoridad; la adhesión a un proyecto como substituto del *Sonderweg*; la buena voluntad a guisa de ascendiente; la solidaridad en lugar del absolutismo. La adhesión a la construcción europea es una revolución para la mentalidad alemana, una vez pasada la época de la mala conciencia vinculada al recuerdo del nazismo. De ahí los chirridos que, de vez en cuando, agitan a la opinión pública, ante una opción que al pueblo le parece que es solo cosa de las élites. De ese modo, a pesar de las apariencias, la República Federal no pretende encarnar una nueva Alemania, levantada *ex nihilo* a partir de los deseos de los Aliados. Es el avatar ejemplarmente democrático de la Alemania histórica, tal como la diseñó su doble naturaleza.

3

La supranacionalidad,
una «vieja idea en Europa»

El Imperio austro-húngaro se parece a un palimpsesto, viejo grimorio borrado sobre el que vuelve a escribirse. Fue necesaria la caída del Muro de Berlín para que resurgiera del olvido, tan grande fue la nostalgia de un mínimo orden en los Balcanes, cuando estalló la guerra de 1991.

He aquí un sorprendente sistema que supo mantenerse durante más de medio milenio en pleno corazón de Europa, antes de ser devorado por la Primera Guerra Mundial: la más antigua y, tal vez, la única nación supranacional que nunca haya existido. Ni sistema de valores a la inglesa, ni pueblo-nación a la alemana, naturalmente Estado-nación a la francesa. Todo nace de la dinastía de los Habsburgo; todo está sometido a ella; todo regresa a ella. La geografía del Imperio es móvil; los pueblos que son sus miembros pueden variar; las nacionalidades parecen fluctuantes. Un solo punto fijo: el archiduque de Austria, por lo demás emperador del Sacro Imperio hasta 1804 y, luego, emperador de Austria. Las posesiones del soberano pueden, en este sistema, aumentar o reducirse por la guerra, pero suelen extenderse por vía de matrimonios. En un universo dinástico, una boda bien calculada se parece a una opción de compra en los mercados financieros: ¡no muy caro y que puede proporcionar buenas ganancias!

El apogeo de esta política se alcanzó, naturalmente, en el reinado de Carlos V, cuando las combinaciones matrimoniales, los fallecimientos imprevistos y la suerte estuvieron a punto de constituir, duraderamente, un imperio «en el que nunca se ponía el sol». La excepcional superioridad intelectual de este monarca le permitió evaluar el carácter aberrante de la construcción política de la que era jefe y de cuyo desmontaje se encargó él mismo. Pero los Habsburgo continuaron, tras la abdicación de Carlos V, su política de opciones matrimoniales, llegando a aceptar incluso un mal casamiento de María Luisa al ofrecerla como esposa al usurpador Napoleón. Por lo que se refiere al abandono de la ley sálica, cuando se publica la Pragmática Sanción, fue una verdadera suerte para una dinastía que siempre ha ofrecido herederos a los azares de la historia.

Así, el Imperio de Austria será, durante siglos, un sistema abierto: podía acoger nuevos pueblos al albur de las guerras y los matrimonios; capaz de resistir, tras una derrota militar, la ablación de esta o aquella provincia y, por tanto, conservar su identidad y su fuerza. Pero como toda organización supranacional, el Imperio de los Habsburgo siempre necesitó encarnar una misión. La primera y más difícil de sus vocaciones fue, de entrada, asumir, por cuenta del Occidente cristiano, la defensa de Europa frente a los turcos. Todo muy normal por parte de una dinastía visceralmente católica y depositaria de la Corona del Sacro Imperio Romano-Germánico. Pero la historiografía europea, por lo general, ha subestimado, desde este punto de vista, el compromiso de Austria en su frente oriental, en beneficio de sus aventuras más clásicamente guerreras en su flanco occidental. Ello supone prescindir de innumerables conflictos entre el siglo XVI y finales del siglo XVIII –tres en el XVII, tres en el XVIII–, el último de los cuales concluyó precisamente cuando al Revolución rugía en París. Supone olvidar que las tropas otomanas sitiaron varias veces Viena. Supone desdeñar la crispación provocada en Austria por las aberturas hechas regularmente a la Sublime Puerta por los Borbones franceses siguiendo los pasos de Francisco I. Supone omitir los traumas sufridos por Hungría y las poblaciones de los Balcanes sometidas, de vez en cuando, a la dura ocupación turca.

Fortalecidos por su firmeza frente a los «bárbaros», los Habsburgo no dejaron de esperar el agradecimiento del papa y de sus rivales europeos. Aquella misión se vio acompañada por otra vocación: encarnar la Contrarreforma. Mientras que Carlos V había dudado antes de romper con Lutero e incluso había intentado un diálogo, aunque fuese infructuoso, convocándolo ante la Dieta imperial, sus sucesores nunca tuvieron ligera la mano frente a los protestantes. Aunque respetaran la identidad protestante de los Estados alemanes miembros del Imperio, querían ser mejores alumnos de la clase papal. Viena fue tan impermeable a las Luces como París, por el contrario, se les abrió.

Esta tradición permitió naturalmente a los Habsburgo, durante el gran jaleo napoleónico, dotarse, bajo la férula de Metternich, de otra misión: convertirse en los incansables defensores del orden y el statu quo en Europa. La doctrina era límpida y el propio canciller austriaco la había proclamado: «Austria servirá siempre de punto de reunión para los amigos del orden. Esta es su posición natural y, por tanto, aquella de la que puede y debe obtener su fuerza». Algo que caía por su propio peso durante las guerras napoleónicas –defender Europa contra la Revolución tras haberla defendido contra los turcos– se confirmó evidentemente por medio del Congreso de Viena y la instauración de la Santa Alianza. De la continuada hostilidad de Austria frente al ascenso, en el siglo XIX, de nacionalismos doblemente sacrílegos, porque eran portadores, a la vez, de aspiraciones a la libertad y de una ambición estatal. Así, de 1815 a 1917, el Imperio de Austria encarnará el inmovilismo, a diferencia de sus rivales europeos presas de desmadres políticos, nacionales o económicos.

Esta identificación con la inmovilidad y la reacción ha influido en el deseo de Clemenceau, en 1918, de derribar este Imperio, oscurantista a su modo de ver, al menos tanto como la presión de nacionalismos que habrían podido aceptar la lejana tutela de un monarca constitucional con funciones simbólicas. Zweig describió con indulgencia esta realidad en *El mundo de ayer*: «Todo en nuestra monarquía austriaca, con casi un milenio de edad, parecía basarse en la duración y el propio Estado parecía el supremo garante de esta perennidad... Cada cosa tenía su norma, su medida y su peso determinados. Todo, en ese vasto Imperio, permanecía inquebrantablemente en su lugar y, en el más elevado, el viejo emperador, y si por ventura moría, se sabía (o se creía) que otro iba a sucederle y nada cambiaría en este orden prudentemente concertado». El emperador es, pues, la piedra angular de esta primera organización supranacional. Nadie lo proclama con mayor claridad que Metternich: «No debe aniquilarse la individualidad de las provincias austriacas como no debe tocarse la posición del emperador como soberano y príncipe de cada provincia».

He aquí un sistema en los antípodas del Estado-nación. Esta es la razón profunda de la visceral oposición entre Francia y el Austria de los Habsburgo. El catolicismo no basta para servir de vínculo entre ambos países y temporales convergencias de intereses no pueden escamotear esta diferencia de naturaleza. Los Habsburgo convierten el «derecho a la diferencia» –este concepto tan contemporáneo– en la raíz de su Imperio. Reina sobre naciones ya existentes –castellana, húngara, croata, polaca, bohemia– o gobiernan micro-Estados, simples fragmentos de una nación en busca de identidad –Nápoles, Milán, Tirol, la baja Austria. Respetan, pues, las lenguas, las culturas, la autonomía de todas las provincias.

Cada vez que un monarca austriaco cedió al mimetismo con respecto a sus primos franceses o ingleses e intentó imponer una organización centralizadora a los Grandes del Imperio, sus tentativas se vieron condenadas al fracaso. En el siglo XVIII fue cuando la voluntad de centralismo se mostró más firme. En primer lugar con la Pragmática Sanción de 1713, que, además de la posibilidad otorgada a una mujer –en ese caso María Teresa– de subir al trono, establecía la indivisibilidad del territorio del Imperio para prohibir su desmembramiento. Pero sobre todo con la política de José II, que, al igual que otros déspotas ilustrados, no dejó de fortalecer el dominio de Viena. Como en otras partes, la afirmación del Estado central supuso un divorcio con la Iglesia católica, molesta ya por el reconocimiento de los derechos de protestantes y judíos. Del mismo modo, el centralismo se basa en una política vuelta hacia el pueblo –atestiguada entre otras cosas por la abolición de a servidumbre–, a expensas de los príncipes y demás Grandes, deseosos de reducir el soberano a un papel puramente simbólico. Pero la andadura de José II falló, tanto chocaba con la naturaleza profunda de la construcción de los Habsburgo: germanizar en exceso el Imperio era condenarlo, empujando a la rebelión a las demás naciones.

Todo el siglo XIX vio, por el contrario, cómo los Habsburgo respondían a las pulsiones autonomistas de sus pueblos con una creciente descentralización. Evidentemente, fue Hungría la que se benefició del más privilegiado tratamiento. Peldaño adelantado en la lucha contra los turcos, había conseguido preservar, como contrapartida, su Dieta, su identidad y los privilegios de su aristocracia. Pero va obteniendo más a medida que ascienden los nacionalismos. El húngaro es reconocido en 1844 como la única lengua oficial en el reino de Hungría. La revuelta de Kossuth empuja a Viena a ir más lejos. En 1849, la Unión personal austro-húngara –ambos Estados reunidos solo por la persona del soberano– sustituye la Pragmática Sanción; la cancillería húngara en Viena es abolida; todos los asuntos recaen sobre Budapest. El postrer punto de esta evolución es, en 1867, la transformación del Imperio de Austria en un Imperio austro-húngaro con, en común, además de la persona del emperador, tres ministros –Asuntos Exteriores, Defensa y Finanzas. Frente a la envidia de los demás pueblos, Viena multiplica en su beneficio las concesiones, sin ir jamás tan lejos como con los húngaros.

El Imperio reúne, por aquel entonces, once grupos que pueden calificarse de «etnolingüísticos»: los alemanes, los húngaros, los checos, los croatas, los eslovacos, los eslovenos, los rutenos, los rumanos, los serbios, así como algunos italianos –no todos– y polacos –no todos también. Aunque la administración dé a los alemanes un lugar particular, se considera sin embargo supranacional y todas las naciones están, más o menos, representadas en ella. No ocurre lo mismo con el ejército y la aristocracia: el ascendiente alemán no se identifica, con respecto a los demás pueblos, con una forma de colonialismo. De ahí, entre todas las poblaciones del Imperio, una emulación que garantiza cierto dinamismo al conjunto: un espíritu paradójico podría encontrar algunos puntos comunes con la actual Unión Europea. Esta adición de poblaciones no deja lugar alguna, hasta la caída del Imperio, a una nación austriaca. Nada más natural, mientras los Habsburgo estuvieran a la cabeza del Sacro Imperio Romano-Germánico; por lo demás, solo a su desaparición se convierten en emperadores de Austria.

El ascenso de Prusia, como Estado emblemático de Alemania, y luego la creación, en 1870, del Imperio alemán, impulsan a Viena a sentirse más austriaca y menos alemana, más cosmopolita y menos germánica, más supranacional y menos estatal. El edificio de los Habsburgo solo puede parecer cada vez más barroco, comparado con la jerárquica construcción de los Hohenzollern. ¿Cuál es su armazón, puesto que existen a su lado un Imperio de Alemania que, gracias a la agudeza estratégica de Bismarck, tiene la inteligencia de no hacer reivindicación alguna sobre los dominios de los Habsburgo? Un símbolo, una historia y, sobre todo, una función: garantizar el statu quo en una Europa central eruptiva. La principal justificación del Imperio austro-húngaro, a finales del siglo XIX, ya solo es el miedo al desorden. Es un fundamento sólido y frágil a la vez. Sólido, pues no hay mejor proyecto para una institución que perpetuarse en su ser. Frágil puesto que una violenta sacudida puede propagarse sin encontrar poderosas contrafuerzas.

Habría sido necesaria, en semejante contexto, una increíble moderación para abogar, en 1918, por el mantenimiento de esta improbable yunta. ¿Cómo hubiera sido posible hacer que los defensores de la Sociedad de Naciones (SDN) y de una gobernanza internacional en la que veían la quintaesencia de la modernidad, aceptaran la reconducción de un Imperio supranacional dinástico y débil? Jamás, al final de la guerra, se hizo la menor reflexión sobre las ventajas e inconvenientes de mantener en su lugar a los Habsburgo. Clemenceau había hecho caso omiso de semejante hipótesis cuando rechazó, en 1917, las insinuaciones del emperador Carlos sobre una paz separada. En su espíritu, el Imperio austro-húngaro era solo un apéndice del Reich, destinado, pues, a conocer la misma suerte. ¡Cruel ceguera! Sin caer en la ucronía, tal vez una paz con los Habsburgo hubiera contribuido a mantener la tapadera sobre el caldero de la Europa central y los Balcanes. Pero una construcción supranacional que no rimaba con un proyecto democrático no pertenecía ya al espíritu de los tiempos.

4

La obsesión del declive

España fue grande, sin duda por azar, demasiado pronto. Azar: la constitución de un Imperio «en el que nunca se pone el sol», porque el hijo único de Isabel de Castilla y Fernando de Aragón muere en 1497 y la sucesión pasa a manos de su hija mayor, Juana, casada con Felipe de Habsburgo, algo que tiene como consecuencia la llegada de Carlos V al trono de España en 1516 y luego, tres años más tarde, al archiducado de Austria con, al mismo tiempo, su elección como emperador. Azar: el concurso de circunstancias que convirtió a la Corona de Castilla en acreedora de Cristóbal Colón y, luego, de los demás conquistadores partidos en busca de territorios en las Indias orientales, con fabulosas transferencias de oro y plata hacia las arcas reales como clave. Azar: la intuición de Carlos V que, convencido de la imposibilidad de mantener duraderamente todas aquellas coronas en la misma cabeza, decide abdicar y, al hacerlo, estar en condiciones de organizar su sucesión y legar a Felipe II de España los Países Bajos y las colonias. Ese conjunto conocerá una postrera edad de oro con este soberano, antes de que comience un ineluctable declive.

¿Pero una España grande demasiado pronto, también? La Corona no tenía los instrumentos necesarios para ejercer el poder sobre tan heteróclito conjunto. La propia Península no estaba unida. ¿Cómo su problemática asociación con territorios excéntricos en Europa y, a fortiori, más allá del océano habría podido corresponder a una organización política racional? Todo llevaba al declive, antes de que varios concursos de circunstancias lo agravaran y la propia idea de este declive se convirtiera en una «profecía autorrealizadora».

La división del país: el ascendiente de Castilla se manifestó al azar de bodas y dinastías, sin jamás atentar contra la identidad de los reinos adyacentes y el irredentismo de los particularismos locales. Elegidos por sus *fueros*, ciudades y regiones, con Cataluña a la cabeza, reconocían a la Corona de España una autoridad en apariencia absoluta pero en realidad solo formal.

La debilidad económica: ese territorio fragmentado no pudo, durante siglos, constituir un mercado lo bastante amplio para hacer funcionar a toda velocidad la maquinaria capitalista. Por lo que se refiere a la *bonanza* en oro y plata procedente de las colonias, dispensó a la monarquía de inventar cierta forma de colbertismo.

El infortunio dinástico: que vio cómo la Corona era puesta en las cabezas de soberanos sin envergadura, incluso intelectual o físicamente retrasados como fue el caso de Carlos II, que, incapaz de tener un hijo, legó la España de 1700 al nieto de Luis XIV, lo cual provocó una guerra de sucesión de la que el país sale muy dañado, o de Fernando VII, rey maltratado por Napoleón que, una vez restablecido en el trono, echa a perder su excepcional legitimidad con un obtuso conservadurismo. Se añade a ello una impresionante retahíla de monarcas mediocres a lo largo de los tres siglos de la dinastía de los Borbones.

La dificultad para establecer un poder central: por una sorprendente inversión de los papeles, son los liberales quienes se afirmaban centralizadores y «jacobinos», mientras los conservadores se satisfacían con el desorden y la complejidad institucionales. Así, en el siglo XVIII, el intento de instaurar intendentes de acuerdo con el modelo francés, o la expulsión de los jesuitas por Carlos II en 1767, imitando a Luis XV, para afirmar la primacía de la monarquía sobre la Iglesia. Así, la constitución de 1812, redactada por los oponentes a José Bonaparte, que pretendía poner la monarquía española al compás de los grandes Estados europeos y que, en cuanto regresa a Madrid, Fernando VII se apresura a anular. Del mismo modo, las reformas iniciadas por el hermano de Napoleón, que quiso jugar al déspota ilustrado –venta de los bienes de los monasterios, abolición de la Inquisición, reforma fiscal–, fueron abandonadas al haber sido impuestas por el invasor francés.

El opresivo peso de la Iglesia: aunque el catolicismo asegurara la cohesión de España más que la Corona, también contribuyó a anestesiar la sociedad. La Inquisición redujo a cero la autonomía del pensamiento; la omnipotencia eclesiástica se encabritó contra las veleidades liberales; el catolicismo pretendió ser aplastante. Empujada por la Iglesia, España se erigió, primero, en bastión de la Contrarreforma, luego en enemigo irreductible de las Luces. Perdió así los dos momentos, religioso e intelectual, que aceleraron la modernización del continente. De ahí un retraso de las mentalidades, de dos siglos tal vez, entre uno y otro lado de los Pirineos. La fantasía de la pureza: la expulsión de los judíos en 1492, la de los moros –casi 300.000 individuos– en 1609 y 1611, la impermeabilidad al protestantismo privaron a España de unas minorías activas. Del mismo modo, más tarde, el hecho de ser país de emigración y no, hasta hace muy poco, de inmigración impidió que la Península se beneficiara del aumento de dinamismo y del enriquecimiento colectivo que, por ejemplo, ofrecieron a Francia las sucesivas oleadas de inmigrantes en los siglos XIX y XX.

Todos estos factores de declive podrían haber sido contrarrestados si España no hubiera perdido el tren de la revolución industrial. País rural y colonial, no poseía ninguno de los ingredientes que le habrían permitido arrancar a tiempo el motor del capitalismo. Aislada por la geografía del centro de la economía-mundo, de acuerdo con la terminología braudeliana, no podía encontrar en sí misma los resortes de una mutación: el aplastante peso de la agricultura enquistaba el sistema económico y la presencia de las colonias, fuente de beneficios al principio, luego, con el paso del tiempo, drenaje financiero y mercado demasiado cómodo, no alentaban una mutación modernizadora.

Sobre esta realidad se edificaron la psique del declive español, la convicción de la existencia de un *homo hispanus*, el culto de las leyendas negras, convertidos a su vez en los instrumentos de una «profecía autorrealizada» de la decrepitud. Psique: la sensación de aislamiento, de la dureza, de la extrañeza. *Homo hispanus*: la mezcla de altivez, misticismo, violencia, individualismo que caracterizaba a este personaje mítico. Leyendas negras: el recuerdo de las revueltas y las matanzas, la sombra producida por la Inquisición, el sentimiento de crueldad colectiva. No son mitos nacidos en el siglo XVII y enterrados con el paso de los decenios: se perpetuaron hasta el siglo XX y conocieron su apogeo entre 1936 y 1939, en la dureza, las fantasmagorías y la violencia de la guerra civil. Heredero de esta psicología colectiva, el franquismo la convirtió en la quintaesencia de su identidad y de su doctrina. Llevó en bandolera esta hispanidad. La vida intelectual española no dejó de ser acunada por esos temas, siempre con la piedra angular de la conciencia autodestructora del declive. Así ocurre con pensadores como Unamuno u Ortega y Gasset, imbuidos del sentimiento visceral de la decadencia, más llevados a describir que a prescribir remedios y dubitativos sobre la capacidad de las élites, arcaicas a su modo de ver, para terminar con ella.

Con el rasero de esta historia se mide el milagro de la España contemporánea; cuando Juan Carlos sube al trono en 1975, a la muerte de Franco, lleva sobre sus hombros ese pasado del que el franquismo ha representado una formidable condensación: reaccionario, beato, negro, pesimista, aislacionista, inquisitorial sin inquisición, cerrado al mundo, a las ideas, a la modernidad. Aunque el advenimiento de una clase media y el inicio de una relativa apertura económica habían comenzado a corroer el granito de la identidad española más clásica, los más optimistas pensaban como mucho en los beneficios de un despotismo ilustrado, como si los principios de las luces fueran a abrirse paso, por fin, en la Península con dos siglos de retraso. Por el contrario, el mundo, embobado, asistió a una revolución. Una revolución democrática con la instalación de un régimen adaptado, por primera vez, al de los demás países de Europa, a excepción de los breves años republicanos (1931-1936). Una revolución económica con la admisión en la Comunidad Europea, la desaparición de las barreras tarifarias, la aceptación de la competencia, la excitación capitalista. Una revolución diplomática con la entrada en la OTAN, la inserción sin vaguedades en Occidente, el rechazo del neutralismo y del aislacionismo. Una revolución histórica con la afirmación de una *hispanidad* abierta y dinámica en vez de un provincialismo pesimista. Una revolución cultural con élites tan conquistadoras y extravertidas como sus antepasados fueron introvertidos y negativos. Una revolución sociológica con una Iglesia obligada a la defensiva, una sociedad en vías de secularización, una libertad de costumbres sin límites que ha llegado hasta la legalización del matrimonio homosexual, en un país que lleva todavía en sí la memoria de la Inquisición. Una revolución mental con el espíritu de conquista en lugar de un estrecho etnocentrismo.

Todos los demás grandes jugadores en el tablero europeo no dejan de mutar, aun permaneciendo fieles a su ADN. España es la única excepción. Ha cambiado radicalmente de naturaleza, como si borrara en veinte años cuatro siglos devorados por la obsesión del declive. Este afortunado misterio no tiene una explicación simple. La irrupción del mercado, el contagio de las ideas en una Península más porosa, la unificación de los comportamientos: otros tantos elementos racionales. Pero el enigma permanece. ¿Cómo se pasa brutalmente de una obsesión secular por el declive a un inesperado espíritu de conquista que no mellan las fugaces dificultades actuales?

5

El primer *soft power*
de la historia

Italia no es contradictoria, como muchos creen: es paradójica. En términos de poderío clásico, es un «objeto de la historia» –según la terminología hegeliana; en cambio, con el rasero de la influencia intelectual, cultural, financiera incluso, es un «sujeto de la historia».

Del lado del poderío, los ingredientes están ausentes. Metternich lo advertía en el Congreso de Viena, en 1815, con su propio vocabulario: «Italia, una expresión geográfica». El recuerdo de la Roma imperial, durante siglos, no sirvió de antídoto a algunas debilidades congénitas.

En primer lugar, la parcelación del país, el caleidoscopio geográfico, las rivalidades locales, unas ciudades contra otras, los estragos del *campanilismo* –el espíritu de campanario–, las ciudades contra los ducados, las llanuras contra los contrafuertes, los burgueses de las ciudades contra los latifundistas, las regiones agrícolas contra las zonas industriales, los habituados a esa dialéctica contra los de aquella, los principados presas de las peores querellas dinásticas, las burguesías locales en permanente conflicto: esa es la cotidianidad de Italia durante siglos. Hoy se prolonga: en el interior de los partidos políticos desmigajados en fracciones rivales, en pleno meollo de la Administración fagocitada por masonerías de todo tipo, en el seno del *establishment* de los negocios convertido en impotente por innumerables banderías enemigas. Además, ese *campanilismo* no tiene en cuenta las grandes cesuras que la dominan: el Norte contra el Mezzogiorno, los laicos contra el universo católico, los francmasones contra la Iglesia.

Como no deja de proclamar Umberto Eco, los italianos tienen un punto en común: el reflejo fratricida. Nada los excita más, si le creemos, que las luchas intestinas y las guerras picrocholinas. A quien conozca las jugarretas de Jarnac, los cambios de bando, la inversión de alianzas, en el seno del mundo de los negocios hoy, el *salotto buono*, no le costará imaginar las rivalidades en torno a los Médicis y los Borgia.

Luego una historia más sufrida que deseada. A diferencia de España, demasiado grande, demasiado pronto, Italia fue demasiado modesta, demasiado tiempo, sin dejar de estar sometida a esa tutela y, luego, a aquella. Este país de once millones de habitantes en 1500 solo conoció una lamentable racionalización política, pasando subrepticiamente de un agregado de ciudades autónomas a una concentración, para lo esencial, alrededor de cinco capitales locales, Roma, Nápoles, Florencia, Milán y Venecia, siendo el Piamonte por aquel entonces poco italiano. Esa Italia es la que, cruzando los Alpes, transformará Carlos VIII, por una cabezonería, en campo de enfrentamiento de las grandes potencias. La paz de Cateau-Cambrésis, en 1559, substituye el dominio francés por una omnipotencia de los Habsburgo españoles. Esta termina con la guerra de Sucesión en España: la paz de Utrecht, en 1713, estableció en efecto la tutela sobre la Península de los Habsburgo austriacos, a cambio de la aceptación por Viena del acceso de Felipe V al trono español. Interrumpida por el paréntesis revolucionario e imperial francés, esta situación va a perpetuarse hasta la consumación, en 1861, de la unidad italiana. A esa sombra que produce lo extranjero solo escapa la Serenísima República de Venecia, verdadero ovni político, vuelto hacia mar abierto más que hacia la península. Los Estados pontificios parecen también más autónomos, aunque el papa no pueda prescindir de los aliados para mantener su poder temporal. Semejante mosaico institucional constituye un terreno de juego privilegiado para los grandes Estados europeos a los que produce la sensación de que, aunque los italianos existan, Italia es, por su parte, una idea huera.

Finalmente, la ausencia de actores del cambio. La omnipotencia de la Iglesia en los Estados pontificios, y también en otras partes, y la sombra que hacía Francia fueron, durante siglos, prendas de inmovilismo y de reacción. Un incansable combate, a golpes de Inquisición y de Índice, contra cualquier pensamiento innovador, de Galileo a las Luces, un dominio aristocrático sin contrapoder, la ausencia de una burguesía industriosa, el inmóvil juego de las fuerzas sociales: otros tantos rasgos que hicieron difícil la oposición, la iniciativa y el movimiento. La sociedad civil nunca pudo imponerse a rostro descubierto; de ahí la tradición de las sociedades secretas y demás *carbonari*. Incluso al Risorgimento, en sus horas de gloria, le es imposible afirmarse ante todos como pudieron hacerlo, un siglo antes, en Francia, las Luces. Por lo que se refiere a la modernización legada por la ocupación napoleónica –una política de infraestructuras, la multiplicación de las escuelas, el Código napoleónico, la desaparición de la feudalidad y de los corporativismos–, es por definición sospechosa, y los austriacos, tras el Congreso de Viena, no dejarán de borrarla o, al menos, de devolverla a la porción congrua.

En semejante contexto, la historia no aporta a los italianos, hasta la unidad, leyenda positiva ni gloria clásica. ¿Victorias militares? Ninguna, puesto que la península solo es un campo de enfrentamientos para los extranjeros. ¿Revueltas fundacionales? Las ocupaciones extranjeras no suscitan guerrillas nacionalistas; así, la presencia napoleónica no es acompañada por subversión alguna a la española. ¿Revoluciones triunfantes? La más importante, la de 1848, no resiste la alianza de las fuerzas contrarrevolucionarias y es, a escala de la historia, un fuego de paja. Son acontecimientos desgraciados los que acompasan aquellos siglos, del saqueo de Roma en 1527 a la desaparición de la República de Venecia en 1797. Italia tiene prohibida la gloria militar o política. Por ello, no tiene enemigo fundador, como observó Umberto Eco. Interrogado sobre el rival histórico de su país, un italiano no tiene respuesta clara. Un francés, un alemán o un inglés no tendrían duda alguna.

La marcha hacia la unidad constituye la primera gran epopeya desde la caída del Imperio romano. Además, es un acontecimiento que incrementó su intensidad simbólica por simple comparación con los siglos anteriores. Víctor Manuel no es Luis XIV, Cavour no es Bismarck y Garibaldi no es Bonaparte. La operación fue inteligente, hábil, bienvenida, pero pertenece más a la política racional que a la canción de gesta. En cuanto al paréntesis mussoliniano, no acrecentó el orgullo de los italianos por su propia historia –y es un eufemismo.

Así pues, la aventura europea contemporánea ha sido para Italia una bendición. Ha ahogado las microidentidades en un conjunto más vasto; ha dado a su país el latigazo competitivo que necesitaba para dar valor a sus bazas industriales; ha permitido por fin que el poder político encontrara su lugar en un juego internacional de cooperación sin evidente jerarquía. Nunca Italia tuvo tanto peso como en los grandes años de la construcción europea. En cuanto se aleja de este camino, vuelve a ser una potencia marginal, como atestigua la despectiva mirada que el mundo entero dirigió al régimen berlusconiano. Juzgada por comparación con las exigencias del *hard power*, Italia ha sido una blandengue de la historia.

Es en cambio el primer *soft power* que el mundo ha conocido y cuya estrella no dejó de brillar durante todos esos siglos de decadencia política.

¿Por qué Carlos VIII se zambulle en un callejón sin salida estratégica al cruzar los Alpes? Por fascinación ante una sociedad, una cultura, un refinamiento que sueña en importar a una Francia mucho más rústica y más frugal. ¿Qué otra cosa hace Francisco I, al arriesgar su reino en Pavía, sino ceder ante las mismas fantasías? Vincular a Leonardo da Vinci a su corte bien vale algunos pasos en falso políticos y una derrota militar. ¿Por qué Bonaparte vacía de sus obras los palacios italianos, mientras que resiste esa tentación en la mayoría de las tierras que conquista? ¿Por qué los salones más brillantes del siglo XVIII francés están tan fascinados por el brillo de un país políticamente retrasado y repulsivo? ¿De dónde procede el culto a la peregrinación cultural a Roma? ¿Hay el menor itinerario iniciático que valga la pena sin recorrer, en todas direcciones, la península?

Ante esa realidad, los espíritus apesadumbrados responderán: es una fascinación artística; no tiene la menor consecuencia política, económica o militar. Nada es más falso. Supone prescindir de la demostración braudeliana sobre Génova y el norte de Italia, centros de la economía-mundo en el siglo XVI. Pero, sobre todo, supone desconocer el hecho de que, aunque políticamente inexistente, Italia seguía siendo un verdadero país en el espíritu de todas las élites europeas. El término *Italia* nunca desapareció de su vocabulario en beneficio de Lombardía, Toscana, el reino de Nápoles, o incluso de los Estados pontificios. Italia siguió siendo, durante siglos, una realidad dibujada con tinta simpática, a la que los demás Estados daban un precio desproporcionado. De ahí el deseo de apoderarse de ella o, en el siglo XIX, para Luis-Napoleón, de vestirse con plumas de pavo real para ser, por el contrario, su libertador. Desde este punto de vista

Italia está en los antípodas de Polonia: cuando esta fue objeto de sucesivos repartos, el mundo entero se desinteresó de ella y solo volvió a descubrirla por la presión de las revueltas nacionalistas. Aun despedazada por la ambición de las grandes potencias, Italia siguió siendo, en el espíritu de todos, una realidad virtual, vivificada siempre por su influencia artística, el ascendiente de sus gustos, la fascinación ante su sofisticación de la cotidianidad.

Si Alemania tiene un ADN de pueblo-nación, Italia es una cultura-nación. Cultura y, por tanto, lengua: es la misma –Eco *dixit*– desde hace un milenio. Cultura y, por tanto, artes plásticas anteayer, literatura ayer, cine hoy. Cultura; es decir. un conjunto de reflejos, de maneras de ser, de comportamientos, de reacciones. Esta cultura-nación permitió a millones de emigrados, empujados por la pobreza hacia ambas Américas, no perder jamás sus raíces, constituir, en sus países de acogida, minorías homogéneas, influyentes, pues, y convertirse en repetidores de la madre patria, cuando esta es capaz, a veces, de tener una diplomacia.

En un mundo donde el *soft power* prevalece cada día más sobre el *hard power*, Italia no está condenada a marginalizarse. Tal vez su ADN sea, desde este punto de vista, más sólido que otros ante las presiones de la mundialización. No ofrece a los vientos de mar abierto el rostro de un Estado cuyos poderes van a ser corroídos, tan débil es el suyo. No vincula su destino a los oropeles de una gran potencia, por muy decadente que sea, puesto que nunca lo ha sido. No ve corroído ninguno de sus atributos internacionales, puesto que no los tiene; en cambio, habiendo preservado su ser durante siglos, sin Estado y sin unidad, está bien armada para seguir siendo ella misma en el universo del libre cambio y de la globalización. Tal vez incluso –y es la paradoja– más que las potencias tradicionales.

6

Un paradójico complejo de estar sitiado

El país más grande del mundo –once husos horarios, dos veces Estados Unidos– se construyó sobre un complejo de estar sitiado, como si el espacio no fuera para él una protección bastante. La Rusia zarista, la Unión Soviética comunista, la Rusia plutocrática de hoy comparten este mismo ADN. Este extraño resorte permitió a este imperio proteiforme –las expresiones «Imperio de todas las Rusias» y «Unión de Repúblicas Socialistas Soviéticas» lo dicen a su modo– superar contradicciones de extrema violencia entre el imán europeo y la tentación asiática, entre la filosofía imperial y la continuidad territorial, entre la aspiración modernista y el culto a la etnicidad, entre el estatuto de gran potencia y la delicuescencia interior. Rusia, la Unión Soviética luego, resolvieron su complejo obsidional de estar sitiadas ampliando sus fronteras y colonizando nuevos territorios. Han proseguido incansablemente un triple movimiento: hacia el este, hacia el oeste, hacia el sur.

La conquista oriental es la más antigua, la más rápida y la más definitiva: Siberia es ocupada a mediados del siglo XVII y el tratado de Nérchinsk firmado en 1689 con los chinos, tiene como traductores a unos jesuitas (!), estabiliza la frontera en el río Amur: esta solo será discutida tres siglos más tarde, cuando se produce el cisma sino-soviético. Pero la marcha hacia el este no se detiene en Novosibirsk puesto que los rusos multiplican las colonias de población en Alaska.

Hacia el oeste, es un continuo avance a través de los siglos. Ucrania es parcialmente sometida a Rusia en 1667 y plenamente colonizada tras la victoria de Poltava, en 1709. La guerra contra Suecia, concluida también en Poltava, abre el camino a la anexión de las regiones bálticas y de Finlandia luego. Los sucesivos repartos de Polonia (1772, 1793, 1795) permiten constituir un sólido glacis en Europa central. El pacto germano-soviético de 1940 y el establecimiento, tras 1947, de las democracias populares garantizan la recuperación de los territorios perdidos con ocasión de la paz de Brest-Litovsk y la ampliación del cerco de protección que los soviéticos creían necesitar. No hay duda de que la Rusia de hoy siente nostalgia de este periodo y que sus gestos de mal humor, especialmente el bloqueo del gas, hacia Ucrania, Polonia y los países bálticos, dan testimonio de la profundidad de su frustración.

Por lo que se refiere a la marcha hacia el sur, los mares cálidos y el Cáucaso, fue al menos igualmente obsesiva a partir del reinado de Catalina II. El control de Crimea y del mar Negro puede cargarse en el activo de la emperatriz. La anexión, en 1801, de Georgia inaugura el advenimiento de Alejandro I; este apunta, por otra parte, al Cáucaso con ocasión de enfrentamientos ruso-turcos y rusos-persas. Finalmente, la conquista del Asia central, entre 1865 y 1885, va a completar ese designio secular.

El régimen ruso es, pues, sinónimo de expansión territorial. Es su resorte natural y su razón de ser. De ahí el choque que infligieron las derrotas con ocasión, en 1855, de la guerra de Crimea, del enfrentamiento en 1905 con el Japón y, sobre todo, de la Primera Guerra Mundial. De ahí, más aún, el trauma vinculado al derrumbamiento de la Unión Soviética en 1991. La pérdida de los protectorados de la Europa central habría resultado, por sí sola, insoportable. Pero ver al Imperio ruso amputado de Ucrania, de Georgia, de los Estados bálticos, de las repúblicas caucásicas y asiáticas; es decir, quedar dividido por dos en términos de población –de 290 millones a 140 millones de habitantes–, resulta inaceptable para un espíritu moldeado por la ambición gran-rusa o soviética. Con este rasero debe medirse la política de Vladimir Putin. Sabe que la reconquista militar es imposible desde el punto de vista humano, pero no pierde la esperanza de sustituir el poder por la influencia en los territorios perdidos y no escatimará medio alguno, por poco conforme que esté con las reglas del buen trato internacional, para lograrlo. Si Stalin y Brezhnev cedían ante el complejo de sitio, a pesar de la inmensidad de la Unión Soviética, ¿cómo no imaginar las frustraciones de sus actuales sucesores, a cargo de una Rusia en la que ven una piel de zapa?

Este ADN es el que permite a la eterna Rusia superar tensiones y contradicciones. La primera, la más instalada en el espíritu de todos, es evidentemente la doble tentación europea y asiática. Para los zares, el imán estaba naturalmente, en los siglos XVII y XVIII, al oeste. Los dos viajes, en 1697 y 1717, de Pedro el Grande son su más elocuente ilustración. Se trataba menos de visitas de Estado –de acuerdo con la jerga diplomática– que de estancias de estudio que pretendían permitirle imbuirse de los valores y los modos de funcionar de los viejos países europeos. La creación de San Petersburgo, los golpes de ariete que pretendían establecer un Estado centralizado, el desarrollo de una flota según el modelo inglés, la organización del ejército de acuerdo con los ejemplos sueco y francés, la obligación para la clase dirigente de ser más europea que nadie: otros tantos actos que intentan promover, a marchas forzadas, la europeización. Esta no cejará bajo Catalina II, cuyo despotismo ilustrado y aparente reverencia a las Luces constituyen un homenaje a los movimientos que agitan las viejas sociedades del Oeste, hasta que el miedo inspirado por la Revolución francesa la devuelva a las raíces de la Santa Rusia. ¿Hay algo más occidental, luego, que el Alejandro I de 1814 proclamando su deseo de respetar las libertades de una Francia ocupada por la alianza antinapoleónica?

Aunque todos los soberanos rusos estén obsesionados por la conquista de territorios al sur y al oeste, actúan en este plano al igual que las potencias europeas en busca de conquistas imperiales en ultramar: el Cáucaso es a Rusia lo que Canadá a Inglaterra. En el siglo XIX aparecen los antídotos, para la tentación eslavófila en este caso, la toma en consideración de las conquistas asiáticas como participantes en la gran aventura rusa, la convicción de una Rusia distinta y, por tanto, irreductible a la mera política europea. La etnicidad rusa, el culto a la lengua, la identificación con la religión ortodoxa, la afirmación más absolutista posible de la monarquía, el respeto a valores cada vez más reaccionarios: estas son las manifestaciones de un creciente rechazo de la Europa liberal y una coartada perfecta para aceptar una diferencia económica que va aumentando con respecto a un Oeste en plena revolución industrial. Sintiéndose más marginalizada, tras la guerra de Crimea, frente a la afirmación del poderío alemán y la omnipresencia británica, Rusia se descubre cada vez más eslava, es decir diferente, en busca pues de su *Sonderweg*, de acuerdo con la palabra que los alemanes se aplican a sí mismos. La Unión Soviética utilizó el mismo resorte y la apelación de Stalin, en 1941, a las virtudes de la Rusia eterna constituye su más significativo avatar. Recientemente aún, las falsas divergencias o, más probablemente, el reparto de papeles entre un Medvedev, supuestamente proeuropeo, y un Putin más eslavófilo, procedían de esta dialéctica: por un lado, más liberalismo, por el otro, más irredentismo; por un lado, una visión más secular de la sociedad, por el otro un exacerbado respeto a la religión ortodoxa; por un lado, una concepción más cooperativa del mundo, por el otro una singular afirmación de poderío. Los europeos nunca han visto en Rusia, al igual que Prusia y Austria, un jugador como los demás en el tablero de Europa. Los asiáticos, chinos o japoneses no la han mirado, tampoco, como un país asiático de pleno derecho. Esta es su ambigüedad fundacional.

Segunda contradicción: entre la filosofía imperial y centralizadora y la continuidad territorial del Imperio. Aunque los zares más conquistadores tenían una visión muy europea de la colonización, el Imperio ruso no se parecía a ningún otro puesto que no existía ultramar. Las relaciones entre la madre patria y las colonias no se concebían según el modelo británico francés. No había necesidad alguna de una flota de guerra para proteger las líneas de comunicación, sino, por el contrario, carreteras o trenes para asegurar la continuidad territorial. Ninguna presión hacia la economía de mercado y el comercio internacional como la suscitaron los dominios británicos, sino una concepción autocentrada del desarrollo. Ninguna organización administrativa y política levantada sobre procónsules y virreinatos, sino un sistema centralizado clásico, que las distancias geográficas hacían complejo. Ninguna colonia minoritaria de poblamiento, sino una expansión natural y espontánea de la población rusa. Ningún mosaico cultural y lingüístico, sino un dominio nunca satisfecho de la lengua y la cultura rusas con, sin embargo, ciertas concesiones en Asia central, tan sólida era la barrera levantada por la religión musulmana. Una vez devuelto a las fronteras de la Rusia actual, ese Imperio es más torpe todavía con sus minorías: las niega con tanta mayor ferocidad cuanto, reducido a la porción congrua, quisiera ser a fortiori más homogéneo. Ser checheno se hace, por ello y paradójicamente, más problemático en la «pequeña Rusia» putiniana que en la «gran Rusia» estalinista. Y el eterno complejo de sitio incrementa más aún la desconfianza del poder central para con las minorías: se convierten, aunque sea por error, en los pañoleros de un mundo exterior hostil.

Tercera contradicción: entre la aspiración a la modernidad y el culto a la identidad, a la etnicidad incluso. Se superpone, claro está, a la dialéctica Europa/Asia, pero no se confunde con ella. No por azar la eslavofilia floreció precisamente cuando Rusia se convertía en un actor europeo de segunda clase, es decir, cuando las jerarquías económicas tomaban ascendiente sobre las referencias territoriales. Cuando el poderío se medía por la población y el territorio, Rusia aparecía, por definición, como una gran potencia; desde que se evalúa a partir de la producción de acero, de las exportaciones y de la innovación tecnológica, ya es solo un jugador secundario. Verdad en el siglo XIX, pero también en el XXI: los rusos no tienen el cromosoma capitalista como los chinos; su burguesía es la mejor ilustración posible de lo que Marx llamó la «burguesía comprador», es decir, una clase dirigente de rentistas y aprovechados, del todo desprovistos de la afición schumpeteriana a la empresa. Frente al retraso que aumenta con respecto al mundo exterior, el repliegue sobre uno mismo es una tentación natural.

Un país pequeño no puede permitírselo; la inmensa Rusia, en cambio, tiene estos medios. El reflejo étnico, la identidad cultural, el totalitarismo de la lengua constituyen sus más naturales manifestaciones. Cuanto más *gran-rusa* quiere ser Rusia, menos posibilidades tiene de modernizarse. De ahí una tensión entre modernizadores y rusófilos que atraviesa los siglos y puede, todavía hoy, servir como plantilla de lectura para los actuales kremlinólogos. La Rusia actual sigue estando, en efecto, dominada por el complejo de sitio y la necesaria solidaridad que impone a ambos clanes, uno de los cuales mira el mundo exterior con desconfianza y el otro con hostilidad. Los modernizadores siempre han querido dominar el agrado de apertura al mundo, convertirlo en un instrumento de cambio en sus manos. Se han negado, durante siglos, a entregarse atados de pies y manos a las mutaciones impuestas por el libre cambio de productos, ideas y medios de comunicación. Por lo que se refiere a los nacionalistas, no han dejado de ser más circunspectos aún, pues cualquier apertura corre el riesgo de dar paso a la infiltración y la oposición.

Cuarta contradicción: entre la aspiración al estatuto de gran potencia y los riesgos de delicuescencia interior. Responder al peligro de ser sitiado supone alejar a los enemigos potenciales, ampliar el glacis territorial y dominar con mano firme el Imperio. De ahí la aspiración a la centralización que se perpetúa de Pedro el Grande a Stalin, de Catalina II a Putin. Induce instituciones centralizadas, un cuerpo de funcionarios a sus órdenes, un zar autoritario y unas élites obedientes. La aristocracia zarista, la *nomenklatura* comunista o la actual oligarquía funcionaron de acuerdo con los mismos principios: una deferencia ciega para con el jefe, un papel de correa de transmisión con respecto al país, el derecho a los abusos económicos, prebendas inimaginables en un universo democrático. Pero este deseo de orden y de centralismo no ha dejado de topar, en un país tan vasto y con un amplio mosaico de población, con revueltas, motines, insurrecciones, desde Pugachev en 1763 hasta los chechenos de hoy. La reacción del poder no ha dejado de ser la misma: los agitadores son agentes del extranjero. ¡Siempre el complejo de sitio!

La insatisfacción social, la aspiración a la libertad, la agitación de los colonizados no pertenecen al esquema mental del poder. Prevalece la sensación de estar sitiado. De ahí, para los interlocutores de Rusia –imperial, soviética o putiniana– una misma sensación de malestar: nada está nunca decidido en el diálogo con San Petersburgo o Moscú. Un empuje eslavófilo puede suceder a un periodo de apertura, un reflejo de crispación a un momento de cooperación, un golpe de timón autoritario a una fase de liberalización. El complejo de sitio tiene, en verdad, buenas espaldas: a menudo es sincero, por extraño que eso suene, pero a veces es instrumental para disfrazar una querella de clanes o un enfrentamiento de tendencias. Visto desde el exterior, este ADN es el que condiciona el comportamiento de la Rusia eterna, aunque por sí solo no pueda fijar el destino de este Imperio barroco.

7

Mesianismo frente a aislacionismo

Visto desde Europa, Estados Unidos tiene un doble ADN: mesiánico y aislacionista. Esto hace complicado el juego de los demás actores con respecto a ellos. En efecto, existe el riesgo de ver cómo, en cualquier momento, se balancean de una pulsión a la otra. La primera, el mesianismo, por lo general es cosa de la Presidencia; la segunda corresponde a la naturaleza profunda del Congreso, pero la historia no ha carecido de volteretas con un Congreso intervencionista de vez en cuando y una Casa Blanca más pacifista. Ambos genes están presentes desde la creación de Estados Unidos.

Del lado mesiánico: la sensación de ser el arca de Noé del mundo, una nación que se cree la anticipación del paraíso en la tierra, la consumación del género humano –excluyendo los esclavos, claro–, la misión civilizadora inherente, según Jefferson, a un «destino especial», el deber de crear un nuevo orden mundial basado en el comercio y la libertad individual. Se trata, según la altiva expresión de Adams, de hacer que prevalga «la benevolente simpatía de nuestro ejemplo».

Del lado aislacionista, el deseo de proteger esta experiencia única –«habrá un tiempo en el que nuestra nación tendrá la fuerza de un gigante y nadie podrá darnos miedo», según las palabras de Washington–; la separación de atribuciones entre la Presidencia y el Congreso, a riesgo de impedir cualquier política ambiciosa; la ausencia de tradición militar y la negativa a alinearse, desde este punto de vista, con los ejemplos europeos; un modo de representación política vuelto hacia los intereses locales; la sensación, en los primeros años de historia del país, de sufrir presiones europeas revanchistas.

Esta convicción no dejará de fortalecerse durante la Santa Alianza: vencidos la Revolución francesa y su avatar napoleónico, hundida la Serenísima Republica de Venecia, los estadounidenses son los únicos representantes de la especie republicana y se sienten al margen del sistema de las potencias tradicionales. Desconfían de ellas, pues, hasta el punto de establecer de un modo brutal las reglas del juego con la promulgación de la doctrina de Monroe en 1823. Esta expresa la negativa de Estados Unidos a aceptar cualquier nuevo intento europeo de colonización en ambas Américas y decide tratar cualquier intervención en el hemisferio Oeste como una agresión contra ella, sin cuestionar, sin embargo, la legitimidad de las colonias europeas existentes aún. Sospechosos de querer reconquistar sus posesiones en América del Sur, los españoles son los primeros destinatarios pero, culpables ya de una nueva intervención en 1812, también los ingleses son advertidos, al igual que los franceses, considerados imprevisibles, como confirmará más tarde la rocambolesca aventura mexicana de Napoleón III, que se convertirá en una sangrienta payasada por la simple amenaza del ejército norteamericano, precisamente en nombre de la doctrina de Monroe.

Durante aquellos años, el mesianismo se reduce a lo verbal. Nación, desde su punto de vista, de esencia superior, Estados Unidos acoge oleadas de inmigrantes a cuál más infeliz, pero el orgullo de desempeñar ese papel de último refugio no es acompañado, por su parte, de preocupaciones con respecto a sus propios esclavos ni de intervenciones en la escena internacional en nombre de principios morales.

Estados Unidos intenta, de hecho, jugar a la gran potencia sin verdaderos medios militares, tan contrario es a su idiosincrasia el espíritu militar. Es preciso esperar a la guerra contra España en Cuba, en 1898, para que comience el complicado y nunca acabado ballet entre mesianismo y aislacionismo. Cuando los españoles afrontan una rebelión en Cuba y hunden un navío de guerra norteamericano en La Habana, Estados Unidos se lanza a una guerra relámpago contra España: ¿mesianismo para liberar a los cubanos de una tutela colonial? ¿O aislacionismo pintado con los colores de una doctrina de Monroe ampliada, para sacar del hemisferio, de una patada, a una vieja potencia europea? Cuando la solución del conflicto les permite, además de la independencia para Cuba, obtener la anexión de Puerto Rico y la ocupación militar de Manila, ¿se trata de mesianismo o de política de potencia? Cuando los estadounidenses participan en la conferencia de Berlín sobre África, en 1885, pero se guardan mucho de ratificar el tratado: ¿es política de potencia aniquilada por el aislacionismo? Cuando participan con los europeos en la guerra de los bóxers, en China, ¿es política imperialista o derecho de los individuos a disponer de sí mismos? Cuando Theodore Roosevelt juega al mediador, en 1905, entre Rusia y Japón, ¿es papel de influencia o acción benefactora? Cuando actúa de improviso como amable componedor entre Francia y Alemania con ocasión, en 1906, de la conferencia sobre Marruecos, ¿es postura humanista o deseo de sentarse a la mesa de los jugadores históricos? Cuando se desarrolla, en América Central y en América del Sur, la serie de las 114 caídas de gobiernos por iniciativa de Estados Unidos con, para empezar, la eliminación en 1893 de la monarquía hawaiana, ¿es el hilo mesiánico en plena costura o una aplicación preventiva de la doctrina de Monroe?

Estados Unidos no respeta los cánones clásicos de la diplomacia: *Realpolitik*, ambición, cinismo. Desde comienzos del siglo XIX solo actúan en nombre de la moral y con fines de autoprotección. Si Federico II pudo escribir un *Anti-Maquiavelo*, Estados Unidos redacta, sin saberlo, un *Anti-Federico II*. Están en los antípodas de la eficacia cínica del gran Federico. Lo extraño de la política exterior norteamericana está ahí: imperial sin ser imperialista. Imperial por el dinamismo de la potencia y la superioridad de los medios. No imperialista pues el deseo de ocupar, de dominar, de anexionar no constituye un fin reconocido ni oculto.

A partir de 1917 estas ambigüedades llegan a su paroxismo, una vez convertido Estados Unidos, gracias a su fuerza económica, en una potencia cardinal. Así fue en el primer conflicto mundial. Entrados en batalla por motivos más bien aislacionistas; es decir, puestos entre la espada y la pared por la inseguridad que los alemanes imponen en sus líneas marítimas y comerciales, se convierten en soldados del derecho, de la moral y del respeto a las minorías, como atestiguan los «catorce puntos» del presidente Wilson. Pero el moralismo wilsoniano es vencido por el aislacionismo del Congreso, que, rechazando el tratado de Versalles, rehúsa la responsabilidad que corresponde a Estados Unidos como participante y garante del nuevo Concierto de las Naciones, construido en torno a la SDN. Los actores de la obra washingtoniana representan una vez más su papel: el poder ejecutivo mesiánico, el Congreso aislacionista; es decir, la Casa Blanca, abierta al mundo y los parlamentarios indiferentes a los demás.

Si más de la mitad de los miembros de la Cámara de Representantes no tienen hoy pasaporte y, por tanto, no han viajado nunca, ¿cuál debía de ser la cifra en 1920? ¿El 80%? Para esos parlamentarios, la reflexión estratégica estaba fuera de lugar. No hacían caso alguno a las reacciones de los asociados de Estados Unidos, de los aliados, pasmados todos ante el hecho de que un tratado modelado sobre la base de las proposiciones del presidente Wilson pudiera ser tirado a la basura por un Congreso que había aprobado en su tiempo la entrada en la guerra. A los *Congressmen* no les importaba que Estados Unidos cojeara durante años en la escena internacional.

Ese triunfo imprevisto del aislacionismo fue una espada de Damocles sobre la cabeza de los sucesores de Wilson, en especial de Roosevelt, que supo camuflar su inclinación mesiánica para no topar de frente con el Congreso. De ahí su extremada prudencia ante la guerra de España, el *Anschluss*, en Munich y tras el inicio del conflicto mundial, para no ser sorprendido en flagrante delito de intervencionismo por el Capitolio. Solo el grosor de la capa de plomo parlamentaria explica el increíble «andar como un cangrejo» al que tuvo que entregarse para ayudar a Gran Bretaña. Sin el «milagro» de Pearl Harbor y la decisión de Alemania de declarar la guerra a Estados Unidos, Roosevelt hubiera necesitado uno o dos años aún antes de lanzar su país al conflicto, y aun así, nada garantiza que lo hubiese logrado. De este modo, incluso en una situación tan maniquea como la de 1940 y 1941 –un abominable enemigo de las democracias, el más antiguo aliado reducido a la defensiva, el límpido envite en términos de bien y de mal–, los miembros del Congreso seguían mostrando una absoluta indiferencia por los asuntos del mundo, al igual que parte de la opinión pública, del todo centrada en ella misma.

Cuando, en cambio, el país es atacado, la duda ya no sirve –el 11 de septiembre de 2001 lo atestiguará de nuevo–, el Congreso quiere ser, por lo menos, tan combativo como el presidente. El regreso del mesianismo fue entonces tan brutal como oculto había estado. De ahí las presiones ejercidas sobre los ingleses para incitarlos a una posición descolonizadora. De ahí la filosofía de las instituciones creadas en 1945 –ONU, FMI, Banco Mundial. De ahí las reticencias con respecto a De Gaulle, por miedo a que el general se mostrara reacio a la idea del restablecimiento de la democracia. De ahí la visión irónica del mundo que debía construirse, aun a costa de cerrar los ojos ante las fechorías del estalinismo.

La posguerra dio lugar a un largo periodo de mesianismo imperial. Seguro de su derecho y de su fuerza, Estados Unidos no vaciló en retorcer el brazo de los ingleses y los franceses para incitarles a descolonizar más deprisa. Pero sobre todo, viéndoselas con un enemigo tentacular, la Unión Soviética, cuyos valores estaban en los antípodas de los suyos, los estadounidenses no podían permitirse el riesgo del aislacionismo y estimaban que debían erigirse como soldados del bien, frente a un adversario maléfico. Semejante mesianismo podía recurrir, sin vergüenza, a los más clásicos instrumentos imperiales: despliegue militar en las cuatro esquinas del mundo, guerras periféricas, operaciones subterráneas de desestabilización, alianzas con socios intratables. Combatir al imperio del mal permite, en nombre del bien, innumerables transgresiones de la moral.

Era preciso que el maniqueísmo antisoviético fuera muy pronunciado para ver cómo Estados Unidos, tras el desastre del Vietnam, escapaba a un fuerte resurgir del aislacionismo. Pero una vez vencido el mal, a partir de la desaparición de la Unión Soviética, ¿por qué seguir preocupándose de los demás? El ascenso del aislacionismo se ha contenido, sin embargo: al margen de las posiciones adoptadas, por esta razón, ante la internacionalización del derecho, como el rechazo del protocolo de Kioto y del Tribunal Penal Internacional, Estados Unidos no ha plegado las velas ni abandonado a sus aliados estratégicos. Tal vez el aislacionismo habría ido creciendo, no obstante, sin el trueno del 11 de septiembre de 2001. Las Twin Towers fueron otro Pearl Harbor. Un nuevo imperio del mal aparecía en el horizonte, Estados Unidos se consideró de nuevo el soldado del bien. Defensor oficial de la moral, se concedió el derecho a hacer cualquier cosa: la guerra para establecer por la fuerza la democracia, la tortura en nombre de la protección de los ciudadanos, el no-respeto del hábeas corpus por las necesidades del combate. El «imperio del mal» de la posguerra había dado paso simplemente al «eje del mal» de hoy.

Cualquier observador de la escena washingtoniana sabe que el aislacionismo sigue agazapado pero presente. Incluso en periodo mesiánico, súbitos arranques pueden llevar al abandono en campo abierto de un aliado, a pasos inesperados y, sobre todo, a decisiones de orden presupuestario que recuerdan la jerarquía de las preocupaciones entre los *Congressmen*: Arkansas antes que Afganistán, preferentemente Nuevo México que Egipto. El aislacionismo lleva naturalmente a jerarquizar las prioridades. Si el compromiso en el mundo se vive como una obligación, mejor es limitarlo a lo esencial. Los europeos están ahora al final de la lista, puesto que no se ejerce sobre ellos amenaza alguna. Si la Unión Soviética fue en efecto lo que mejor federó el mundo atlántico, los sinsabores causados a los europeos por la rudeza «putiniana» no amenazan indirectamente el poderío norteamericano. Así, visto desde París, Londres o Berlín, el aislacionismo de Washington parece más intenso con ellos de lo que es con respecto a Jerusalén, Riad o Tokio.

Mesianismo y aislacionismo, esa plantilla de lectura de la política exterior estadounidense no hace más que traducir «en el orden internacional» la identidad profunda de Estados Unidos, su ADN constitutivo con, por un lado, el peso de Dios, de la moral, del derecho y, por el otro, un egocentrismo natural en un país que sigue buscando, en su propio territorio, sus fronteras y sus límites. Puesto que la política exterior solo es, para esta nación-continente, una proyección de la política interior, sus resortes resultan, desde hace un siglo y medio, cristalinos. Con este vademécum en la cabeza, los europeos acaban encontrando a Estados Unidos más previsible que todos los demás jugadores internacionales.

8

La geografía y el poderío

Lejos de mí la ingenua idea de salir en busca del ADN íntegro de Francia o, parafraseando a Braudel, de la «identidad de Francia». Se trata, más modestamente, de intentar definir los eslabones de este ADN que, durante siglos, han condicionado la actuación de nuestro país en el escenario europeo.

Es inútil zambullirse en las raíces étnicas de Francia, la «obra multisecular de centralización» –de acuerdo con las palabras del general De Gaulle–, el alma de la nación, el «plebiscito de cada día» caro a Renan, el doble linaje puesto de relieve por Marc Bloch de la consagración de Reims y la fiesta de la Revolución, el prurito universalista, el mesianismo revolucionario, la omnipotencia cultural, el culto a la lengua, el modelo de integración, el elitismo republicano, el poder de la Administración, los espejismos del Estado-nación, los «lugares de memoria», el peso de la historia... Al igual que Alemania puede definir, en su relación con el mundo, por el pueblo-nación y el Estado racional, los dos elementos determinantes para la política exterior de Francia han sido la geografía y el poderío.

La geografía lo ha condicionado, como el mar determinó el destino de Inglaterra. En el amanecer del Renacimiento, Francia estaba casi constituida: el reino ocupaba aproximadamente 500.000 kilómetros cuadrados de los 550.000 que tiene hoy. Tantos conflictos y enfrentamientos solo habrán logrado, en medio milenio, acrecentar el territorio nacional en un poco más del 10%. Era, a la escala de aquella época, un gigantesco espacio más poblado que lo estaban sus demás vecinos, todos más pequeños. Con veinte millones de habitantes en 1600, el reino tenía una población que doblaba la de España, por aquel entonces reina del mundo, y cuadruplicaba la de Inglaterra, y el resto de Europa, por su parte, estaba desmigajado entre pequeñas naciones y micro-Estados sometidos a soberanos más o menos lejanos. La profundidad territorial y la importancia de la población constituyen, por aquel entonces, las bazas típicas de una gran potencia continental.

Pero Francia es también, por la longitud de sus costas, un potencial poder marítimo, y más aún por la diversidad de los mares y océanos que surca. Comparte con España el privilegio de ser el único país europeo con dos aperturas, una al Mediterráneo y otra al Atlántico, y tiene además la suerte, con respecto a su rival ibérico, de ser más central por los dos lados. De ahí la inigualable importancia de la decisión, tomada en varias etapas, de convertirse en un actor continental más que en un dueño de los mares. Esto nunca fue un deliberado rechazo del mar: Francisco I, Richelieu, Colbert, Napoleón I, Napoleón III, la III República dotaron a Francia de una poderosa flota. Pero mientras que los recursos del país le habrían permitido gozar de una herramienta naval infinitamente superior a la de Inglaterra, los monarcas y sus primeros ministros prefirieron la línea de mayor pendiente, es decir, la obsesión por los envites continentales.

Abandonémonos por unos instantes al placer de la ucronía. Imaginemos a un Richelieu, un Luis XIV, una Revolución menos obsesionados por el mito de las fronteras naturales y, por tanto, por el fantasma del Rin, y que hubieran, por ello, puesto la superioridad económica francesa al servicio de la construcción de la primera flota militar y mercante del mundo. La pasión por las colonias habría prevalecido sobre la afición a las campañas hacia el este; Canadá y Luisiana habrían seguido siendo franceses; se habrían conquistado nuevos espacios en América del Sur o en el subcontinente indio; puestos de vigía como Gibraltar o Singapur habrían sido franceses; Inglaterra se habría visto confinada en su isla; el dominio de los mares estaría acompañado por la pasión del comercio; el culto a la actividad mercantil habría acelerado la inclinación de la agricultura hacia la industria; el poder marítimo habría dopado el espíritu capitalista y la afición por la empresa; una burguesía negociante habría pisoteado los privilegios de la aristocracia.

Y, a la inversa, Francia no habría cedido al deseo de implantarse en Italia ni a la necesidad de convertirse en el tutor de los asuntos alemanes. Se habría formado otra Europa. ¿Quién sabe si Prusia habría conocido su destino, si los Habsburgo habrían preservado el Imperio de Carlos V, si Alemania e Italia se habrían unificado algún día? Una ucronía de esta magnitud no es posible para ningún otro país europeo. Inglaterra no tenía dos porvenires en la mano, ni Austria tampoco, ni Rusia a fortiori.

El destino francés se decidió cuando la profundidad de su territorio prevaleció, en el inconsciente colectivo, sobre la llamada del mar abierto. Sin duda, París estaba demasiado alejado del océano, los señores demasiado apegados a sus posesiones territoriales, los Grandes del reino demasiado indiferentes a las aventuras marinas, los monarcas demasiado vinculados a sus dominios. Para aquella Francia, en los confines de la Edad Media y el Renacimiento, el mar solo recuerda las cruzadas; representa un obstáculo más que una oportunidad, una fuente de peligros más que una aventura gratificante.

A partir del momento en que la tierra se impuso sobre el mar en el espíritu y el corazón de los reyes, de sus ministros y de sus cortes, la geografía continental fabricó mecánicamente el mito de las fronteras naturales. En la línea de puntos de los tiempos de Richelieu, estas se convierten en el alfa y la omega de la política francesa a partir de la Revolución. Los Pirineos y los Alpes despertaron en el país la afición a las barreras geográficas. Frente a un flanco abierto de la Mancha al Jura, ¿existe una frontera física posible? El Rin, naturalmente. La fantasía se perpetuará desde la «leva en masa» de 1793 hasta la ocupación del Ruhr en 1823 a incitación de Poincaré, incluso hasta el sueño de fragmentación de Alemania que acarició el general De Gaulle en 1946.

Desde que el mar abierto no constituye el horizonte del país, sino que lo es el Rin gracias a la voluntad de anexión de su orilla izquierda, los principios cardinales de la política exterior de Francia están ya establecidos. Por lo que se refiere al único agujero en esta frontera defensiva, una vez alcanzado el Rin, es decir Flandes, esa lúgubre propicia a las invasiones representa, también, una obsesión para los franceses: solo piensan en ocuparla, anexionarla o, como mínimo, ponerla bajo su influencia. La pasión por las barreras naturales no se limita al Rin. Controlar mejor los contrafuertes alpinos o pirenaicos, incluso extender el dominio francés al otro lado de la cadena montañosa no dejará de sacudir las ambiciones de los monarcas. Saboya,

Cataluña, Navarra se convierten, solo por eso, en fuente de desproporcionadas preocupaciones.

La geografía moldea la mirada que los franceses dirigen al mundo y dibuja los contornos de una política internacional vuelta hacia la protección física del Hexágono. Las fronteras naturales son a Francia lo que el complejo de sitio es a Rusia. De ahí la contradicción entre los ADN de los alemanes y de los franceses. Para los primeros, el pueblo-nación preexiste al territorio nacional: este puede moverse. Para los segundos, el territorio tiene primacía sobre el pueblo: este se convierte en una nación en un espacio dado, lo que naturalmente pasa por la edificación de un Estado que sea una sola cosa con el Hexágono y su población.

La geografía va a la par con la afición del poderío. Más vasta que sus rivales, más homogénea, infinitamente más poblada, Francia se vio naturalmente empujada a creerse fuerte. Donde Inglaterra responde a su aislamiento con la influencia, Francia, por su parte, quiere ejercer su poder. Su problema será, al hilo de los siglos, creerse una «superpotencia», en el sentido del Imperio romano o de Estados Unidos en la posguerra, cuando solo tiene los atributos de una gran potencia. Una superpotencia es lo bastante fuerte para dominar, por sí sola, toda la coalición de sus rivales; una gran potencia no es más que el actor principal en una escena que tiene muchos. ¡Cuán breves fueron los dos únicos periodos en los que Francia fue una superpotencia capaz de dominar toda la alianza de sus vecinos y enemigos; en este caso, el apogeo de los reinados de Luis XIV y de Napoleón I!

No fueron concursos de circunstancias los que pusieron fin a esos momentos de *ubris,* sino la imposibilidad para Francia de transformar semejantes situaciones en estados de hecho duraderos. Careció de los medios. Seguir siendo una superpotencia supone, por una parte, una reserva de población sobre la que edificar una ventaja cuantitativa en número de soldados, pues, salvo por el talento de los generales, las guerras se decidían en esos lejanos siglos por la importancia de la «carne de cañón» y, por otra parte, de los recursos financieros bastantes para mantener una superioridad militar en términos de soldados, armas y equipamiento de apoyo. La primera condición era determinante en los más lejanos periodos; la segunda fue siéndolo al hilo de los tiempos. Aplastante en el siglo XVIII, el ascendiente demográfico francés se redujo de modo singular. Por lo que se refiere a la capacidad de cobrar impuestos y movilizar el ahorro en masa, y a un coste moderado, nunca fue atributo de Francia. La monarquía no supo racionalizar su sistema fiscal y la indiferencia de la aristocracia francesa en lo referente a las cuestiones financieras obligó al Estado a llevar a cabo una política de potencia careciendo de los medios. Rica como era Francia en el siglo XVIII, hubiera debido poder endeudarse en proporciones más altas que Inglaterra y a menor coste. Ocurrió lo contrario: las deudas inglesa y francesa son, en 1815, del mismo volumen, lo que suponía un peso más importante de la primera con respecto al producto interior, pero la tasa de interés que afecta al Estado británico es la mitad de la que paga su adversario francés. Asunto de confianza de los mercados, de acuerdo con la jerga actual, pero más aún de organización financiera, de circuitos bancarios, de habilidad técnica. Francia no tenía la cultura financiera ni el sustrato capitalista necesarios a una superpotencia.

Incluso derrotada, la afición al poderío no dejó de dominar la política exterior francesa. Desde las incursiones de Carlos VIII en Italia hasta la convicción del general De Gaulle de que «Europa es la palanca de Arquímedes de Francia», la obsesión es idéntica: influir en el mundo exterior de modo proporcional a nuestros medios, más incluso. Fue atributo de los hombres de Estado más hábiles obtener, desde este punto de vista, el mejor partido de nuestras bazas, sin embarcarse duraderamente más allá de nuestras posibilidades. Otros, menos sutiles, jugaron con fuego al querer llegar demasiado lejos. Esas idas y venidas entre la mesura y el exceso acompasan cinco siglos de la historia de Francia. Aunque con el mismo objetivo: ir más allá.

Francia, desde este punto de vista, tiene un ADN particular. Salvo Inglaterra, empujada por el aislamiento a salir de su isla, los demás grandes actores se volvieron más bien hacia la construcción o la defensa de su Estado, la preservación de un difícil statu quo, el advenimiento de sus aspiraciones nacionales. La geografía dispensó a los franceses de estos rodeos. Al abrigo de su territorio y de sus «fronteras naturales», no deja pues de desear proyectarse más lejos. Primera durante mucho tiempo, vivió, muy a su pesar, los ascensos de Inglaterra y Alemania, pero esta nunca la empujó a retirarse a su propio prado. Le fue necesario, entonces, jugar con cartas distintas, a veces en otros escenarios como muestra su aventura imperial. Al igual que existen objetivos de guerra, existen también objetivos de paz. Así, apasionada por la ideología, Francia siempre disfrazó su afición al poder. De las cruzadas al universalismo colonialista, de la construcción europea al derecho de injerencia, los oropeles fueron numerosos. Todavía hoy, convertida en un gran cantón de una Europa en vías de marginalización, sigue jugando al límite de sus medios, al igual que un Reino Unido destinado, por un ADN distinto, a existir también *perinde ac cadaver*.

Existe, pues, una continuidad desde el tratado de Westfalia hasta el tratado de Versalles, de la paz de Cateau-Cambrésis al tratado de Roma, de la paz de Utrecht al tratado de Maastricht. Los avatares de la geografía y del poder se han perpetuado, inesperados o imprevisibles a veces, marcados a veces por la suerte, otras por una desoladora torpeza y, de vez en cundo, por la más extremada inteligencia.

Segunda parte

El imperio del mundo es mortal

9

Carlos V:
del sueño al realismo

Las bodas dinásticas tienen algo del juego de ajedrez y algo de lo aleatorio. Se parecen a las jugadas más sofisticadas en un tablero: una mezcla de previsiones e hipótesis cruzadas. También dependen del azar: muertes prematuras e inesperadas que pueden trastornar las combinaciones y los plazos.

Con Carlos V, el cálculo está en su apogeo y la suerte en su paroxismo. Las perspectivas del futuro emperador son, al principio, mediocres. Su madre, Juana, es solo la tercera hija de Isabel de Castilla y Fernando de Aragón. El camino parece cerrado, pues, del lado español. Del lado austriaco está más abierto: su padre, Felipe, es en efecto el hijo del emperador Maximiliano y de María de Borgoña. Pero cuando Carlos nace, en 1500, sus padres son jóvenes, de modo que solo tiene una posibilidad de convertirse muy tarde en emperador. Se arriesga a seguir siendo, entretanto, un príncipe español de segunda fila. Pero el destino, la Providencia o el azar deciden otra cosa. La precoz desaparición de su abuela Isabel, el alejamiento de su abuelo Fernando, la muerte de sus tíos, tía y primos, el súbito fallecimiento de su padre, la locura de su madre convierten, ya en 1506, a Carlos en el heredero de Castilla, del Imperio de los Habsburgo y de Borgoña, a los que cuando muere su abuelo Fernando, diez años más tarde, se añaden Aragón y sus posesiones italianas. Por tanto, sobre la cabeza del joven emperador se elabora una construcción extraña: Castilla y sus colonias americanas, Aragón y sus apéndices italianos, Borgoña y sus dependencias neerlandesas, Austria y su corolario, la

Corona del Sacro Imperio Romano-Germánico con, por añadidura, una miríada de micro dominios aquí y allá, de las dominaciones imperiales que Europa ha conocido, desde 1500 hasta hoy, esta es la única que no nació de una voluntad ni una ideología, sino del mero hecho del azar. El genio de Carlos V será no olvidarlo nunca y no creer que sus innumerables posesiones son, por los siglos de los siglos, un don que Dios hace a su dinastía. De ahí, cincuenta años más tarde, un doble gesto del todo contradictorio con las costumbres y las ideas de la época: por una parte, la retirada de un monarca absoluto de la vida pública, un modo de reconocer que no ejerce un magisterio de derecho divino; por otra, la división de su Imperio, un modo de admitir que, desprovisto de lógica política y geográfica, este solo podía sobrevivir a costa de guerras perpetuas y, algún día, perdidas. Es el mismo relativismo –muy paradójico sentimiento para un dueño del mundo– que le condujo a convocar a Lutero ante la Dieta de Worms en 1521, a esperar, pues, un compromiso con el luteranismo al que presiente conquistador y a limitarse, una vez escuchado el teólogo de Wittenberg y levantada acta del desacuerdo, proferir contra él un sencillo destierro. ¿Qué otro soberano omnipotente habría, como Carlos V, respetado la letra y el espíritu del salvoconducto que había concedido al padre de la Reforma? ¿Quién más no habría esperado, apoderándose del hombre y eliminándolo, librarse de una amenazadora revolución religiosa?

Dueño del mundo por casualidad y primer defensor de la cristiandad como elegido del Sacro Imperio, Carlos V no transigirá en la defensa de sus territorios ni en sus deberes para con Roma, pero lo hará siempre con tanta mesura como este periodo de ruido y de furia lo permitía. Sin duda, la aberración geográfica que constituían sus posesiones, desprovistas de continuidad territorial y, por tanto, privadas de vías de comunicación normales será, durante todo su reinado, una formidable llamada al sentido de la realidad. Este permanente balanceo entre sus deberes de Estado, en una época que impide los matices, y una insólita distancia en los seres y las circunstancias, convierten a Carlos V en un personaje sin equivalente. Lo atestigua, más que cualquier otro gesto, su abdicación. Contradice las creencias de la época, abrumada por el absolutismo de la religión y de las monarquías, pero también el código genético de todos los obsesos por el poder, deseosos de gozar de él hasta el último segundo, aun a costa de unas sucesiones desordenadas y calamitosas. Entre la constitución por azar de su inmenso Imperio y, cincuenta años más tarde, su devolución reflexiva y racional, el destino de Carlos V se resumió en guerrear, guerrear siempre. Pero a diferencia de los demás dueños del mundo que combatían para constituir su imperio, él lucha para preservar una herencia, aun dudando de su viabilidad a largo plazo.

Primer desafío: el protestantismo. Es más un envite político que religioso. ¿Algunos príncipes alemanes se hacen protestantes para desafiar al emperador o lo desafían porque se han hecho protestantes? Sin duda, ambas actitudes existen, pero el resultado es el mismo. Ricos gracias a la confiscación de los bienes de la Iglesia, esos príncipes tienen recursos para combatir a su soberano y ofrecen sobre todo a los verdaderos enemigos del emperador, franceses y turcos, la bienvenida posibilidad de alianzas de soslayo. La división religiosa de los Países Bajos es más grave: es tanto cosa del pueblo como de la aristocracia y convierte el protestantismo en la levadura de un irredentismo cuyo regusto habían descubierto ya los españoles. Al finalizar el reinado de Carlos, el conflicto alcanzará su paroxismo, y la paz de Augsburgo (1555), firmada el año anterior a la abdicación del emperador (1556), solo aporta una tregua temporal a una guerra que ve cómo se levantan contra él sus vasallos protestantes, sus aliados contra natura franceses y turcos, y paradójicamente una Santa Sede encantada siempre de debilitar a su semejante en el orden temporal, el jefe del Sacro Imperio.

Segundo desafío: la agitación en la propia España. Alejado por la distancia y el espíritu de un país que apenas conocía, Carlos V había nombrado un regente que debía cohabitar con una reina madre, Juana, loca ciertamente pero legítima. Esa ambigüedad dinástica solo podía alimentar la sedición popular y la revuelta de los municipios. Solo cuando los Grandes, inquietos por el empuje populista, se unen a Carlos V, este prevalece. Pagaba así su propia ausencia del territorio español y el carácter lejano y teórico de su ascendiente. Da a esta situación, menos compleja que la Reforma alemana, una respuesta sencilla: regresar a España, casarse allí –con Isabel de Portugal–, lanzar un programa de reformas sugeridas, algunas de ellas, por los rebeldes, recorrer el país, dar al pueblo gratificaciones psicológicas a falta de los derechos de los que, vencidos, sus adversarios no podían ya ser heraldos.

Tercer desafío, ineluctable: el enfrentamiento con Francia. El más vasto y poblado Estado de Europa, esta se muestra dominante si sus rivales están divididos, agazapada si están unidos. Ahora bien, esta vez Francia no tiene ante ella una coalición reversible por naturaleza, sino una unión de Estados en manos de una sola dinastía, los Habsburgo, que puede temer duradera, eterna incluso. Para un espíritu tan impulsivo como Francisco I, la respuesta solo puede ser militar. En esa Italia, de la que los franceses sueñan con apoderarse desde hace veinte años, tiene lugar el principal enfrentamiento, independientemente de las escaramuzas en las marcas de Borgoña, los Países Bajos e, incluso, España. Pero la ventaja está, esta vez, del lado de los Habsburgo: la derrota del rey en Pavía (1525) y su captura constituyen su humillante ilustración. Sin vacilar en faltar a su palabra de prisionero, una vez regresado a París, Francisco toma otra vez el camino de Italia, pero fracasa de nuevo y firma la paz de Cambrai en 1529. Puesto que la obsesión italiana sigue siendo invasora en él, vuelve al ataque durante los años 1530 y 1540 sin lograr invertir la relación de fuerzas. El equilibrio entre el Imperio de Carlos V y la Francia de los Valois es demasiado grande para que esta pueda imponerse, a pesar de las tensiones que vive la increíble construcción política de los Habsburgo.

Cuarto desafío, natural para el jefe del Sacro Imperio: resistir a los turcos en nombre de su deber religioso, y también de sus intereses políticos. Mientras que los franceses se han extraviado en pleno corazón de la península italiana, los turcos, por su parte, son más móviles y por tanto más inaprensibles. La invasión de la llanura húngara con, como piedra angular, el sitio de Viena en 1529; una permanente amenaza, por mar, sobre Italia; una presión emparejada con la de los corsarios de África del norte sobre las costas españolas; la alianza contra natura con los franceses, hasta el punto de que pueden verse las flotas de Francisco I y del sultán actuar de concierto: otros tantos testimonios de un enfrentamiento que puede conocer temporales armisticios, pero no la paz.

Quinto desafío: la multiplicidad de los irredentismos en un conjunto tan heterogéneo. Los poderes locales y los Grandes en Castilla, las provincias borgoñonas deseosas de librarse del yugo imperial, los Países Bajos a los que la conjunción del nacionalismo y el protestantismo ha vuelto convulsivos, el reguero de pólvora del luteranismo entre los príncipes alemanes, la agitación remanente de las ciudades italianas: la línea del frente es demasiado larga para puras soluciones militares. Carlos V no tiene otra alternativa política que comprar la calma.

Sexto desafío: el dominio y la explotación del Nuevo Mundo. Ambos se apoyan poco en los recursos del Imperio, sino, más bien, en la audacia de conquistadores con andaduras esencialmente personales. Pero, una vez saciados sus *missi dominici,* Carlos V necesita captar los recursos de las colonias y, por tanto, debe darles una espina dorsal institucional. Virreyes como representantes personales, un consejo de Indias con competencias administrativas, judiciales y religiosas, tropas para mantener el orden, una marina para encargarse del tránsito con la madre patria y, especialmente, el traslado del oro y de la plata: los instrumentos del colonialismo están ahora emplazados. Pero aunque las Indias occidentales representen un maná financiero para el Imperio, ejercen una presión política y administrativa sobre una madre patria que carece de servidores de calidad en relación con la magnitud de los envites.

Se añade por fin el séptimo desafío, el más paradójico aunque pertenezca a los genes del Sacro Imperio: la gestión de la relación con el papa. Por mucho que el emperador sea el soldado de la cristiandad frente al protestantismo y al islam, en Italia es un adversario político del papado, pues este ve en él una amenaza para la integridad y la independencia de Estados pontificios. Como todos sus predecesores, Carlos habría deseado una distinción clara entre su poder temporal y el poder espiritual de un papado que no intentara actuar, también, en la esfera política. No logra sus fines más que Federico de Hohenstaufen y los demás emperadores de menor calibre. Provisto sin embargo de un poderío sin precedentes, consigue transformar en deudoras a algunas grandes familias que se reparten, de un reinado a otro, el trono de san Pedro. De ahí su capacidad para pasar de una alianza sin precedentes con Clemente VII, que pone fin a los acuerdos contrarios con los franceses y reconoce, sobre todo, al emperador el derecho a nombrar a los obispos en sus territorios, atribuyéndole el privilegio en el que sueñan todos los reyes de Francia y por el que se han convertido en militantes del galicanismo.

El Imperio es gestionado, los desafíos son atajados, los múltiples envites dominados, pero eso supone un milagro. Castilla no tiene hombres ni recursos para dominar semejante mosaico de países con sus modestos cinco millones de habitantes. Debe encontrar relevos y efectivos en los componentes del Imperio; solo dispone de una escasa flota, antes de que las fuerzas navales de Génova se unan a ella por iniciativa de Andrea Doria; no se beneficia de la ayuda de los bancos que podrían financiar sus gastos en el extranjero, ni de funcionarios de élite capaces de actuar por su cuenta, algo que si harán los intendentes de la monarquía francesa; está rodeada de Grandes mediocres, en su mayoría incapaces de servir con eficacia fuera del reino. Geográficamente excéntrica con respecto a los principales componentes del Imperio, corre el riesgo de ser informada demasiado tarde y, por tanto, marginalizada.

Fruto de la lotería dinástica, la extraña construcción que es el Imperio solo se sostiene por la persona del jefe. Aunque su objetivo haya sido, durante casi medio siglo, proteger y conservar lo adquirido sin buscar nuevas conquistas –situación paradójica para un emperador–, este evalúa la fragilidad de la situación. ¿Es esta aguda conciencia de las realidades lo que le lleva a la atronadora abdicación? ¿O su cansancio físico y psicológico? ¿O la combinación de ambas cosas, aguzada la primera por la segunda? Preguntas sin respuesta, pero el desenlace es demasiado racional para no abogar en favor de la extraordinaria inteligencia de las situaciones que demuestra el emperador. Nacido del azar, desproporcionado para su tiempo, tironeado de todos lados por contradictorias dificultades, el Imperio estaba condenado a medio plazo. Sin nunca confesarlo ni reconocerlo, Carlos se comportó como si estuviera convencido de ello. Desde que es puesto, en 1519, a la cabeza del Imperio, prefigura la devolución de sus bienes dinásticos, tal como prevaldrá treinta años más tarde, cuando dona a su hermano Fernando las tierras hereditarias de los Habsburgo de Austria, ayudándole luego a ampliar sus propiedades hacia el este, por medio de las Coronas de Hungría y de Bohemia y contribuyendo, finalmente, a su elección como «Rey de los romanos», para asegurarle a su muerte la Corona imperial. Esta gradual andadura alejada progresivamente a los Habsburgo de España del dominio de los territorios orientales. Para Carlos siempre fue evidente, en cambio, que la Corona de Castilla debía corresponder, por su parte, a su hijo Felipe. ¿Pero con qué apéndices? ¿Borgoña? ¿Italia? En este punto, Carlos osciló, considerando incluso, en cierto momento, la posibilidad de atribuir esas dos posesiones a su hija o añadirlas a los dominios de Fernando, lo que habría reducido España en la porción congrua, el más pobre y marginalizado residuo de un imperio del que, por algún tiempo, habría sido el corazón.

El emperador utilizó luego otro esquema, para poder mantener, por medio de bodas dinásticas, un vínculo entre las dos ramas, española y alemana, de sus posesiones. Renunció también a ello, tan compleja y artificial le pareció la operación. Todas estas idas y venidas son testimonio de una obsesión sucesoria en Carlos V y de su búsqueda de un óptimo que participa tanto de la razón y de la toma en cuenta de las realidades políticas como de sus meros reflejos dinásticos. Estas combinaciones tenían un solo objetivo común: mantener la presión sobre Francia, principal potencia geográfica y demográfica del continente, e impedir que, liberada del frente pirenaico o del frente renano, el Imperio adquiriera ascendiente sobre una u otra de ambas ramas.

De ahí, tras muchas vacilaciones, los dos «paquetes-regalo» diseñados por el emperador. Para Felipe de España, los Países Bajos y las posesiones italianas, lo que le permitiría tener a Francia en una tenaza, aun sin la ayuda y el apoyo de los Habsburgo de Austria. A su hermano Fernando, la Corona imperial, las tierras dinásticas austriacas, Bohemia, Hungría y la posibilidad de redondear su peculio por el este. De hecho, sin advertirlo probablemente, Carlos V aseguró, tras él, «el equilibrio de las potencias» por comparación con el dominio unívoco y atípico que ejerció en vida. Con el mismo espíritu, emperador titular aún, validó para Alemania la paz de Augsburgo que, en 1555, anticipó lo que se llamará más tarde el principio *Cujus regio, ejus religio*: es la religión del príncipe, protestante o católico, la que determina la de sus súbditos y, por tanto, el culto oficial en su principado, preservando sin embargo los derechos religiosos de la parte de la población reticente a adoptar la religión de su soberano. Era la elección del statu quo, aunque sin juez de paz para lograr que se respetase, a diferencia de la que impondrá, un siglo más tarde, el tratado de Westfalia: de modo que el papa será el primero en discutirlo.

Aunque las decisiones de Carlos V no garantizaron la paz, impidieron, cuando él hubo desaparecido, una explosión descontrolada del Imperio que inevitablemente habrían provocado las fuerzas centrífugas existentes. Aunque tanteante, esa búsqueda de la racionalidad política y diplomática, es una idea nueva en Europa. Participa de la extrañeza, en la historia, del Imperio de Carlos V: una construcción imprevista, que pudo sobrevivir durante cuarenta años, pero cuyo desmontaje quiso ser la primera irrupción de la razón en un universo dominado, hasta entonces, por los enfrentamientos. Retirado a una morada contigua al monasterio de Yuste, esperando la muerte durante dos años, Carlos llevó incluso su abnegación hasta convertirse en un simple espectador de la historia. Se guardó mucho, así, de cualquier intervención en los asuntos de sus sucesores.

La ascesis después de la razón: ¿qué otro constructor y estadista supo dar prueba de ello simultánea o, incluso, sucesivamente? Ninguno. Ese es el misterio de Carlos V. Dotado del Imperio del mundo por un concurso de circunstancias, formidable maniobrero para asegurarse su perennidad mientras viviese, sorprendente alquimista político para borrar sus huellas antes incluso de su desaparición. El mayor de los estadistas, tal vez por ser el más atípico.

10

Luis XIV:
del Rey Sol a la oscuridad

La Providencia dotó a Carlos V de un Imperio; al joven Luis XIV solo le ofrece un reino hecho jirones. De niño, el rey vive la huida a Saint-Germain frente a la Fronda parlamentaria; de adolescente verá algo peor, la Fronda de los Grandes con, por parte de los insurrectos, parlamentarios o señores, la misma hipocresía −combatir a Mazarino, el padrino del monarca, para mejor defender la Corona. Solo el ejército le es fiel y consigue, a trancas y barrancas, preservar la integridad del territorio e, incluso, apoderarse de fragmentos pertenecientes a los Habsburgo de España, con ocasión del tratado de los Pirineos de 1659 −Rosellón, Cerdaña, parte de Artois y algunas plazas fuertes. Pero cuando Luis XIV se convierte realmente en rey a la muerte de Mazarino, en 1661, solo es el dueño de una potencia mediana, al abrigo de la amenaza de los Habsburgo, es cierto, pero gangrenada por el sordo rencor de los Grandes, humillados por haber tenido que capitular ante «el Italiano» y debilitados, sobre todo, por decenios de conflictos intestinos. Pero mientras Carlos V no disponía de un Estado que pudiera servir de columna vertebral a su Imperio, la misma construcción de un Estado-nación, sin equivalente en ninguna parte, empujará a Luis XIV a intentar dominar Europa, es decir a «boxear por encima de su categoría» pues, más poderoso que cada uno de sus rivales tomados individualmente, Francia no es lo bastante fuerte para hacerlos pasar por el aro si se unen todos contra ella.

Primer principio de un robusto Estado-nación: el absolutismo. Este se resume en una máxima que Luis XIV legará a su sucesor en sus *Memorias para la instrucción del Delfín*: «Su voluntad es que cualquiera nacido súbdito obedezca sin discernimiento». La regla prevalece para la plebe, los burgueses, los militares, los eclesiásticos, los duques y demás Grandes. Solo un castigo ejemplar puede establecerla para siempre. Esa será la mala suerte de Fouquet. Su arrogancia, su megalomanía, su gusto por la ostentación le convertían en una perfecta víctima expiatoria, pero el Gran Condé había traicionado mucho más y representaba un peligro de mayor magnitud, puesto que era de la misma sangre que el rey. Sin embargo, es más cómodo golpear a un superintendente loco de orgullo que a un Borbón cubierto de gloria. De ahí la ejecución pública para la que fueron un pretexto las festividades de Vaux-le-Vicomte.

Nadie anhela ya, tras semejante sanción, un lugar al sol como el que había adquirido el superintendente. Ni los tecnócratas, sometidos y obedientes: el rey gobierna en su Consejo; los ministros son sus ejecutores, los intendentes sus repetidores; la monarquía manifiesta su presencia por todas partes, en el país, a expensas de los parlamentos locales, de los ayuntamientos, de las corporaciones. Ni los Grandes, a quienes el rey atrae a la emboscada de la corte: atrapados en la ronda sin fin de los favores, los placeres y los gastos inmoderados, pierden allí su inteligencia política y sus ambiciones colectivas; no constituyen ya una clase, sino una colección de individuos alienados. Ni la Iglesia, tan deferente que la Asamblea del clero se atreve a reconocer: «Estamos tan atados a Vuestra Majestad que nada es capaz de separarnos de ella»; aporta la prueba postrera de su fidelidad con la «Declaración de los cuatro artículos» votada en 1682. Es la Constitución del galicanismo, enseñada ahora en las facultades y los seminarios: ya solo reconoce a la Santa Sede una autoridad espiritual. Luis XIV se detuvo al borde del cisma: creó una Iglesia nacional y solo le deja un vínculo tenue y doctrinal con Roma.

Esta monarquía absoluta necesita un escaparate para gritar al mundo su orgullo: será Versalles. La imagen que vehicula ese lugar surrealista resultará decisiva, tan impresionados quedan los rivales extranjeros de Francia. Ven allí al reino más fuerte de lo es, lo que empuja a este a adecuarse a la visión, por muy errónea que sea, que sus competidores tienen de él.

Si Versalles es la imagen de un imperio que no existe todavía, el ejército es su instrumento. Gozando de la reserva demográfica que le ofrece la población francesa, el rey edifica una fuerza militar sin equivalente en el mundo hasta entonces: 85.000 hombres en 1667, 290.000 en 1688, 380.000 en 1710, encuadrados en una organización entregada a la devoción del soberano. La nobleza sirve en ella, pero no puede ya servirse de ella. Aunque Luis XIV tiene el alma más continental que marítima, no deja por ello de realizar un esfuerzo de idéntica magnitud para la marina: teniendo solo 9 bajeles en 1661, reúne 276 al finalizar el reinado.

Luis XIV y Colbert tienen, atornillada al cuerpo, la idea de una gran modernidad según la cual el poderío militar solo es duradero adosado a una economía próspera. De ahí la marcha forzada hacia el mercantilismo: florecimiento de las manufacturas reales, desarrollo del comercio interior, proteccionismo en las fronteras, prioridad concedida a la explotación colonial, construcción de navíos mercantes...

El rey pone en marcha una enorme maquinaria al abrigo de su poder absoluto. No puede permanecer inanimada. Puesto que no tiene ya que defenderse, al igual que sus ancestros, de las incursiones, el rey la pone al servicio de su pasión por el dominio. Las conquistas son el producto de la voluntad de un hombre, de la fuerza de un Estado sin competidor en Europa, del poderío de un ejército desproporcionado para la época. No son el resultado, en cambio, de una estrategia elaborada desde mucho tiempo atrás, con objetivos claros y ambiciones declaradas. El Rey Sol no es Bismarck: va sin saber realmente adónde quiere ir. Todo puede suceder, entonces, a partir de un simple pretexto.

Así ocurre con su contrato de matrimonio con María-Teresa de España. Puesto que la dote no ha sido pagada, esta no renuncia a la sucesión de España. De modo que Luis XIV reclama, en nombre de su mujer, cuando muere su padre Felipe IV, una parte de los Países Bajos españoles. No siéndole entregados estos amistosamente, decide conquistarlos y ve cómo se le reconoce en 1668, por el tratado de Aquisgrán, Lille, Tournai y Douai. Una vez puesta en movimiento, la maquinaria de guerra francesa no puede detenerse. La emprende, pues, con las Provincias Unidas, la idea, por parte de Colbert, más allá de las conquistas territoriales, de acabar con el poderío económico de Ámsterdam, por aquel entonces centro de la «economía-mundo». Pero, aunque bastante bueno como militar, Luis XIV es un lamentable estratega. Acostumbrado a las invasiones por las buenas y siempre con la tentación de poner a Europa ante el hecho consumado, no se ha preocupado por las maniobras de Guillermo de Orange que une a su causa a los príncipes protestantes de Alemania, Inglaterra y España, coalición contra natura de soberanos calvinistas y católicos a los que solo la brutalidad del Rey Sol consigue unir contra él. Ciertamente, el poderío económico de Francia, su ventaja demográfica, la masa de su ejército acaban dándole ventaja, de modo que el Congreso de Nimega le reconoce, en 1678, el Franco Condado y algunas ganancias territoriales más. Pero iniciada contra los Países Bajos, la guerra concluye a expensas de los príncipes alemanes que Richelieu había convertido en sus aliados: es un arriesgado resultado diplomático. Luis XIV no ve ya límites a su deseo de ensanchar las fronteras de Francia. Las imprecisiones de los trazados sirven de coartada: se anexiona Alsacia, Luxemburgo, el Sarre y se lanza sobre Estrasburgo. España intenta oponerse a ese golpe de fuerza, pero pierde en ello parte de sus propios Países Bajos. La tregua de Ratisbona avala, en 1684, el conjunto de las conquistas del Rey Sol.

Pero esos golpes de ariete cambian los datos al modo de ver de los alemanes: en vez de seguir siendo la garante de los equilibrios entre príncipes germánicos, como había previsto el tratado de Westfalia, Francia se convierte en ávida conquistadora. Gloriosa a corto plazo, esta política es aleatoria a largo plazo. De hecho, si Luis XIV se hubiera limitado a estas conquistas, Europa lo habría aceptado. Sus ganancias territoriales no eran bastantes para suscitar una coalición enemiga que rechazara Francia hasta sus anteriores fronteras. Ligeramente ensanchada, esta lo tenía todo para actuar como potencia dominante en Europa, a condición de practicar la influencia y no el poder directo. Pero Luis XIV carece de la cualidad suprema de los grandes estadistas: la contención reflexiva y la moderación amenazadora. Es, desde este punto de vista, el anti-Carlos V: sin agudeza diplomática, sin designio estratégico, sin medida de lo posible y de lo imposible.

Lo atestigua el peor error de su reinado: la revocación del Edicto de Nantes. Esta parece una decisión de orden interior; de hecho es un importante gesto internacional. Vauban es el único que evalúa los daños: «Este proyecto tan piadoso, tan santo, tan justo, cuya ejecución parecía tan posible, lejos de producir el efecto que debía esperarse de él, provocó y puede provocar todavía una infinidad de males perjudiciales al Estado». El exilio en masa –entre 150.000 y 400.000

personas– de una población de élite hacia los países protestantes que no aguardaban en absoluto semejante don del cielo, la debilitación de la capacidad empresarial del país, el fortalecimiento de numerosos adversarios, el fin de la ambigüedad con respecto a los príncipes calvinistas de Alemania: otros tantos daños no compensados por el hipócrita apoyo de un papa, más obsesionado por el galicanismo del rey que por su minoría hugonote, ni la ambigua satisfacción de Estados católicos a quienes este asunto no basta para apartarles de su hostilidad para con Francia. Este acto desconsiderado supone el final de la alianza de soslayo que, por muy cardenal que fuera, Richelieu había pactado con los príncipes protestantes del Sacro Imperio y pone a estos bajo la protección del emperador. Por lo que al papa se refiere, no recompensa en absoluto el celo doctrinal del rey y no vacila en contradecirle cuando se lleva a cabo la elección de un nuevo arzobispo-elector de Colonia. Siempre impulsivo, Luis XIV reacciona mandando sus tropas a ocupar Colonia, sin pensar en los siguientes pasos: ese espadachín, definitivamente, no es un jugador de ajedrez. Añade incluso una inútil violencia a la ocupación: en efecto, permite que sus dragones devasten el Palatinado y cometan allí tales excesos que, en una época poco respetuosa no obstante de los derechos del hombre, los Estados europeos considerarán necesario unirse para frenar las ambiciones y la brutalidad francesas y, por tanto, devolver Francia a sus fronteras, como las habían trazado los tratados de Westfalia y de los Pirineos.

No es todavía el momento adecuado para los enemigos de Luis XIV. La guerra, llamada de la liga Augsburgo, dura ocho años, de 1688 a 1697, pero se desarrolla siempre fuera del Hexágono, lo que deja a los franceses una gran posibilidad de acción. Por el contrario, el desastre procederá del mar con la aniquilación, en 1692, en La Hougue, de la flota amorosamente construida por Colbert: un importante acontecimiento por sus consecuencias a largo plazo, pues decide en favor de los primeros el debate entre los «terrenales», convencidos de que el porvenir de Francia es continental, y los «marinos», que por el contrario desean convertirla en una potencia comercial y colonial.

Sin embargo, estos conflictos son solo prolegómenos con respecto al verdadero envite: la sucesión de España. Desde su boda con María-Teresa, el rey tiene una obsesión: cómo aprovechar la muerte de un rey de España sin hijos para hacer que su reino vaya de los Habsburgo a los Borbones. Es un sueño que prescinde de un análisis realista de la situación.

El Imperio de Carlos V era un accidente de la historia, pero la constitución de un conjunto que reúna bajo los mismos auspicios dinásticos a Francia y España sería, por su parte, una revolución irreversible. Añadir España y sus apéndices europeos y americanos al país, con mucho, más vasto y más poblado de Europa con, por añadidura, una continuidad geográfica a través de los Pirineos y Flandes convertiría a los Borbones en dueños de Europa. Así ampliada, Francia toparía siempre con una coalición que reuniría a todos los demás europeos; el equilibrio inventado por el tratado de Versalles habría fracasado; Europa quedaría definitivamente dividida en dos.

Pero la borrachera prevalece sobre la reflexión. Luis XIV aplica, cuando se refiere a la sucesión de España, la regla que será dictada un siglo y medio después, tras la guerra de 1870, con respecto a Alsacia-Lorena. «Pensar siempre en ello, no hablar de ello jamás.» Examina, sin embargo, algunas soluciones transaccionales con los ingleses y el emperador girando todas en torno a un reparto de las posesiones españolas. Eso supone olvidar el orgullo castellano. La aristocracia madrileña prefiere en último término la férula francesa y escribe a su soberano: «La unión indisoluble de esta vasta monarquía debe ser, ante todo, el objetivo de nuestros esfuerzos. Nos impone el deber de encomendar la sucesión a la sangre de la Casa de Francia». Carlos II se doblega ante esa conminación y con este espíritu redacta su testamento.

Luis XIV se ve entonces frente a una disyuntiva: la de aceptar o no la sucesión. Es un falso dilema: ¿cómo un Borbón podría negarse a tomar, tan ostensiblemente, ascendiente sobre los Habsburgo? Pero la razón habría podido dirigir al Rey Sol hacia una posesión cuyo carácter definitivo nada habría garantizado: hacer que su nieto, convertido en Felipe V de España, renunciara a sus derechos sobre la Corona de Francia. La presencia de dos Borbones distintos en los tronos de Francia y de España supondrá ya un trastorno de las relaciones de fuerzas en la escena europea. Luis XIV no se decide a renunciar, algún día, a la unión de ambos reinos. Da incluso un paso en falso más: permitir que el nuevo soberano español conceda el monopolio de la trata de negros a una compañía francesa, con gran indignación de las potencias marítimas, Inglaterra y Provincias Unidas. El resultado: el emperador, el Stadhouder de Holanda y el rey de Inglaterra se unen contra Francia. Esta no tiene, en el plano marítimo, posibilidad alguna y se ve condenada a una difícil guerra terrestre. Por lo demás, va de derrota en derrota y regresa a sus fronteras anteriores al comienzo del reinado.

Luis XIV intenta transigir, pero la arrogancia ha cambiado, esta vez, de campo: los aliados le conminan a enviar tropas a España para destronar a su nieto. Frente a esta provocación, el rey responde con un gesto increíble. Él, el soberano absoluto, recurre a su pueblo para suscitar lo que la historia denominará más tarde la leva en masa o la unión sagrada: «Puesto que comparto todos los males que la guerra hace sufrir a tan fieles súbditos y que he hecho ver a toda Europa que deseaba sinceramente hacerles gozar de la paz, estoy convencido de que ellos mismos se opondrán a recibir condiciones igualmente contrarias a la justicia y al honor del nombre francés». Sorprendente resultado que atestigua el sentido nacional de la población, esta se une a la monarquía y el ejército francés bloquea en 1709 en Malplaquet la ofensiva de los coligados, y les impide de este modo seguir avanzando hacia París. Los enemigos están fatigados, pero solo un «milagro» –la palabra es de Luis XIV– consigue desbloquear la situación.

Cuando el emperador muere en 1711, le sucede su hermano el archiduque Carlos. Pero ahora bien, este, con el nombre de Carlos III, es el candidato de los coligados al trono de España en caso de derrota de los franceses. He aquí que los ingleses y los neerlandeses combaten para reconstituir el Imperio de Carlos V, cuando entraron en guerra para evitar un nuevo Imperio borbónico. Evidentemente, es algo contrario al postulado básico de la diplomacia británica: no permitir jamás que se instale una potencia dominante en el continente. Así pues, esta inicia, con el apoyo holandés, negociaciones con los franceses. Luis XIV hace de inmediato la concesión que se imponía ya diez años antes: Felipe V renuncia a sus derechos sobre la Corona de Francia y sus hermanos a los suyos sobre la Corona de España, lo que en teoría hace imposible la unión de ambos reinos. Pero el precio a pagar más allá de este gesto es: España compra la firma del emperador cediéndole sus posesiones italianas y flamencas. Francia reconoce, por su parte, el orden de sucesión al trono de Inglaterra, repudia pues a los Estuardo, cede a Londres algunas posesiones americanas –la bahía de Hudson, Acadia y Terranova– y ofrece a los ingleses, en el plano comercial, su cláusula de «la nación más amiga» –hoy decimos la «cláusula de nación más favorecida». España, por su lado, se compromete a no conceder ninguna ventaja económica específica a los franceses; de hecho, son los ingleses quienes las obtendrán. Finalmente, dos Estados son elevados simbólicamente al rango de reinos, convirtiéndose el elector de Brandeburgo en rey en Prusia y el duque de Saboya en rey del Piamonte. Las semillas que forjarán la unidad de Alemania e Italia acaban de ser sembradas.

Así pues, Luis XIV, que, entre su advenimiento y 1685, había transformado un reino dividido y magullado en potencia arbitral de Europa, por exceso de ambición destruyó estas adquisiciones. A cambio de un éxito de prestigio en España, tuvo que dar marcha atrás en todos los frentes. Con respecto a una Inglaterra que él contribuyó a hacer emerger como un actor decisivo en el continente. Con respecto al emperador, que recuperó algunos importantes vestigios del Imperio de Carlos V en Italia y Flandes. Con respecto, por fin, a su propio poder. El empobrecimiento económico, las sangrías militares, las frustraciones fiscales de la nobleza, la fatiga de la corte: otros tantos fenómenos que corren el riesgo de destruir el Estado absolutista y reaniman el fantasma de una nueva Fronda. La tentación imperial del Rey Sol había nacido de la construcción de un Estado; el fracaso internacional corre el riesgo de echarlo por los suelos.

Este doble movimiento de ascenso y de declive hubiera tenido que ser una lección para Francia. Dejándose llevar en exceso por la lógica de su geografía y por sus sueños de poder, se embarca más allá de sus posibilidades. Es lo bastante fuerte como para dominar, uno a uno, todos los Estados europeos, pero demasiado débil para afrontarlos unidos. ¿Cómo el soberano adulado en Versalles podía tener perspectiva bastante para reconocerlo? La sombra que proyecta sobre el continente excede a sus capacidades reales. No es Carlos V el que puede. La lucidez y la mesura no son cualidades de Luis XIV. La fuerza del mito del Rey Sol impedirá a sus sucesores, con Bonaparte a la cabeza, meditar sobre sus fracasos o, más bien, comprender hasta qué punto supuestos éxitos pueden llevar en su seno futuras y crueles desilusiones.

11

Napoleón:
del triunfo al fracaso programado

«Estoy destinado a cambiar la faz del mundo; al menos eso creo. Tal vez algunas ideas de fatalidad se mezclan en este pensamiento, pero no las rechazo; creo incluso en ellas y esta confianza me da los medios del éxito.» Escritas a José en la hora de su coronación, estas palabras de Napoleón llevan en germen el destino de su Imperio. Una convicción y no una estrategia; una invocación del destino y no una reflexión, una fuerza en marcha y no un sutil juego de alianzas y jugadas ganadoras. Desde este punto de vista, el pequeño corso y el Rey Sol se parecen. Tal vez sea el fruto de nuestro ADN nacional.

Masa geográficamente compacta, Francia no conoce más expansión que la dilatación territorial. En efecto, habiendo elegido el continente a expensas del mar –lo sabemos–, solo evalúa su poder por su capacidad de salir del Hexágono. En primer lugar, el mito de las fronteras nacionales, coartada inventada para desbordar de nuestro territorio tal como lo definió el tratado de Westfalia. Luego, una expansión a todo tren, sin objetivo predeterminado, al compás de las victorias militares. El imperialismo alemán, en cambio, siempre tuvo una filosofía simple: hacer que los límites del Estado coincidieran con los del pueblo-nación. No hay nada semejante en los dos conquistadores franceses: el dogma de fe es la maquinaria militar. No hay más límites a los territorios por conquistar que la capacidad del ejército para lograrlo. Los armisticios y los tratados no constituyen puntos de llegada, sino etapas de descanso a lo largo de una cabalgada a rienda suelta. La derrota está, entonces, prohibida pues no modifica, al margen, una relación de fuerzas estable; pone fin a una dinámica con el riesgo de que esta se rebobine luego al revés. Ahora bien, postular la ausencia de derrota es absurdo. Esta se inscribe, antes o después, en los albures de la guerra. Pero el precio se hace considerable, pues la pérdida de los territorios no tiene razón alguna para detenerse antes del regreso al punto de partida, a las fronteras establecidas en la época de los Borbones.

El Primer Cónsul gobernó por un corto momento una Francia en paz, en la estela de la firma con los ingleses, en 1802, de la paz de Amiens. Esta es artificial: ¿cómo el socio británico puede aceptar que Bélgica y, por tanto, las bocas del Escaut –esos cañones que lo apuntan– permanezcan duraderamente en manos de los franceses? ¿Cómo las demás monarquías europeas se adaptarían a una miríada de repúblicas hermanas de la República Francesa que constituyen otros tantos cortes de manga dirigidos a su legitimidad dinástica? ¿Cómo iba Europa a mirar con buenos ojos las primicias, entre los franceses, de una verdadera ambición colonial, como atestiguan la anexión de Luisiana y el deseo de poner de nuevo los pies en Santo Domingo? Los ingleses son los primeros que ponen fin a ese precario armisticio negándose, ya en 1803, a evacuar Malta como se habían comprometido a hacerlo en Amiens. Pero del lado de Bonaparte, el gesto de hostilidad tiene algo de simbólico: la ejecución del duque de Enghien, de un Borbón pues, recuerda a los soberanos europeos que el hijo de la Revolución, el Primer Cónsul, emperador muy pronto, quiere ser su enemigo inexpiable.

Cuando sube al trono, Napoleón solo cuenta con un adversario: Inglaterra. No razona ante ella como un estratega consciente de los envites económicos y, por tanto, decide asfixiarla aislándola de sus colonias. Reacciona como un apasionado por las conquistas territoriales: el objetivo es ocupar la isla, dispuesto a atravesar la Mancha como se atraviesa el Rin. De ahí los inmensos preparativos del campamento de Boulogne. Pero el desembarco solo puede llevarse a cabo con la protección de la marina de guerra. Reconstituida tras Abukir, esta es hecha pedazos por Nelson en Trafalgar. ¡Fin del episodio del desembarco! Por lo que se refiere a Inglaterra, liberada de esta hipótesis, teje de nuevo los hilos de una coalición –la tercera– con Rusia, Austria, Suecia y el reino de Nápoles, ávidas todas ellas de tomar su revancha sobre la Revolución y su extraño heredero, ese autoproclamado emperador.

Eso supone prescindir del instrumento de combate que es el ejército napoleónico: engrasado, organizado, motivado, mandado. Napoleón derrota a los austriacos en Ulm, entra en Viena y, sin ahorrarse nunca una humillación inútil, duerme simbólicamente en Schönbrunn, antes de encontrarse frente a los soldados de Francisco II, aliados con las tropas rusas, y hacerles conocer las angustias del «sol de Austerlitz». ¿Qué obtener de este brillante triunfo? ¿Actuar como lo hará Bismarck en Sadowa; es decir, dar testimonio de su generosidad y preservar el orgullo de los Habsburgo imponiéndole solo sacrificios menores? ¡Inconcebible! Incapaz de dominar su triunfo, el emperador los desprecia, los elimina de Italia, se anexiona Venecia y sus posesiones adriáticas, pone fin al Sacro Imperio y, postrera provocación, lo sustituye por una Confederación del Rin bajo la protección de Francia. Añade, en fin, lo accesorio a lo esencial elevando a la realeza a los electores de Baviera, de Wurtemberg y de Baden, como si crear reyes suscitara rivales al emperador de Austria y lo rebajase.

El acto irreversible es, de hecho, la supresión del Sacro Imperio de un plumazo. Mientras que las alianzas territoriales son siempre reversibles, esta decisión, en cambio, no lo es, supone acabar con una institución de un inmenso alcance simbólico, única encarnación política de Alemania como «pueblo-nación». Llevar la exageración hasta inventarle un ersatz que la transforma en vasalla de Francia revela un desconocimiento absoluto de la historia. Napoleón fue, solo con sus gestos, uno de los pañoleros del nacimiento del nacionalismo alemán.

Como si la copa no estuviera ya llena con respecto a los alemanes, el Emperador propone a los ingleses devolverles Hannover. Inteligentemente retorcidos, como siempre, para sembrar cizaña en el continente, estos avisan a Federico-Guillermo III de Prusia, quien inmediatamente, declara la guerra a Francia. Barrido en Iena y Auerstaedt el ejército prusiano, Napoleón marcha sobre Berlín y se complace, una vez más, en vivaquear en el castillo de su derrotado adversario. ¿Qué interés estratégico encuentra en meterse en la cama de Federico el Grande? Ninguno claro, salvo satisfacer su *ubris*, dispuesto a agravar las heridas del amor propio alemán.

¿Se ha interrogado por su capacidad de mantener, bajo la bota de Francia, el mundo alemán? ¿Se ha preguntado, antes de barrerlo, si el edificio político de Alemania tenía alguna utilidad para el equilibrio europeo? No, claro está. Vence, corta y vuelve a trazar las fronteras, transforma los rivales en vasallos y cree estar escribiendo la historia en una tabla rasa.

Liberado, piensa, de las amenazas alemanas, Napoleón se vuelve hacia su irreductible enemigo, Inglaterra y, a falta de poder esperar invadirla después de Trafalgar, decide enfrentarse a ella proclamando, desde Berlín, el bloqueo continental. Es un error tan trágico como la destrucción del Sacro Imperio. El emplazamiento del bloqueo exige, en efecto, cerrar al comercio británico todos los puertos de la Europa continental. Teniendo en cuenta la desconfianza que inspira a los gobiernos de Europa la bulimia territorial de Francia, esta no puede contar con su cooperación. Es, pues, prisionera de un engranaje que la obligará a conquistar todos los países limítrofes del océano. Por el oeste, el Emperador se obliga a incesantes conquistas. Por el este, se enfrenta a Rusia. Ciertamente, derrota al ejército ruso en Eylau, en febrero de 1807, pero es una victoria pírrica, tan terribles son las pérdidas por ambos lados. Una batalla ganada equivale, en la visión napoleónica, a una modificación territorial más: esta vez se trata de la liberación de Polonia. Pero los rusos refunfuñan y es preciso una nueva batalla tan difícil como la de Eylau, Friedland, para lograr que se arrepientan. Aunque magullados por sus recientes derrotas, y sometidos a la voluntad francesa, los austriacos y los prusianos se guardaron mucho de apoyar a Napoleón, negro presagio al que este no quiso prestar atención.

Pero por una vez –la única de su reinado–, está dispuesto a hacer una pausa y, tal vez, más aún. ¿Sueña acaso en repartirse el mundo con el emperador de Rusia: para él Occidente y para el otro Oriente? ¿Se trata sencillamente de recuperar fuerzas antes de nuevos combates? Sin duda, ambas hipótesis coexisten. Del lado del zar las segundas intenciones son, también, ambiguas. ¿Tregua o paz? ¿Armisticio o alianza? ¿Pausa o reparto del mundo? La entrevista de Tilsit produce resultados tangibles, compatibles con ambas hipótesis: el renacimiento, con el nombre de Gran-Ducado de Varsovia, de una Polonia ciertamente atrofiada puesto que Rusia no renuncia, como han tenido que hacer Austria y Prusia, a sus posesiones polacas; la creación de un reino de Westfalia, atribuido a Jerónimo Bonaparte e inserto en el meollo de la Confederación del Rin para mejor arrimarla, si era necesario, a Francia; la adhesión por fin –importante gesto por parte de Rusia– al bloque continental.

¿Espera Napoleón que, aislados ahora, los ingleses irán a Canossa? Al igual que desconoce el alma alemana, ignora el ADN británico, como más tarde prescindirá del de Rusia. Los ingleses no vacilan: declaran la guerra a Rusia, ocupan Dinamarca y se aseguran, de este modo, el control del mar Báltico. Frente a ese golpe de fuerza, Napoleón está desarmado; solo le queda intentar fortalecer el bloqueo continental. De ahí la importancia de la «verruga portuguesa»: íntimamente vinculado a Inglaterra, Portugal no respeta las consignas del Emperador. Este decide, pues, apoderarse de él, pero dominar Portugal exige controlar España. Es la ocasión, tras haberse desembarazado de los Borbones de Nápoles, de aniquilarlos de España y terminar de una vez con esa despreciable dinastía: los rencores del hijo de la Revolución perduran bajo el ropaje imperial.

Napoleón decide calzarse las botas de Luis XIV e instalar a su hermano José en Madrid, como el Rey Sol había enviado a su nieto, el duque de Anjou. Eso supone olvidar que las tropas francesas siempre se han empantanado en España. Genial ante los enfrentamientos en línea, el Emperador es poco apto para la guerrilla. José será expulsado, para comenzar, por una insurrección popular, primer navajazo al mito de la invulnerabilidad francesa. Acudiendo presuroso, Napoleón consigue instalar de nuevo a su hermano en el trono, pero el ejército napoleónico se siente tan incómodo ante la resistencia española, cuanto las tropas británicas, poco numerosas pero muy móviles, se han hecho maestras en los golpes de mano y los desembarcos bien elegidos. De modo que en la Península Ibérica se ponen las botas y aíslan a Portugal. Junot no tiene más alternativa que evacuarlo y la España de José se ve sacudida por una creciente insurrección.

Prisionero del engranaje del bloqueo, Napoleón no tiene tiempo para extraer las consecuencias del fiasco ibérico. Necesita colmar otras brechas. ¿Le parece que la Toscana se convierte en una puerta inglesa hacia Europa? La ocupa. ¿El Adriático permanece abierto a los barcos ingleses? Se apodera de Carintia y de Croacia, reuniéndolas en el seno de las Provincias ilíricas. ¿Los Estados pontificios ofrecen un acceso a las mercancías británicas? No vacila en ocupar Roma y en encarcelar a Pío VII en Savona. Es una carrera enloquecida.

¿Cómo podía ser estable la Europa de 1809? Está aplastada por una Francia de 130 departamentos, aliada a una miríada de Estados confiados a los miembros de la familia imperial, relevada por protectorados oficiales y oficiosos. El Imperio tiene setenta millones de habitantes, treinta millones de ellos franceses, con satélites a su alrededor: la confederación del Rin, Saboya, la República Italiana, el reino de Nápoles, España y, más lejos, el gran ducado de Varsovia. ¿Cómo puede creer Napoleón en la solidez de esta construcción, una pirámide territorial y política que solo se apoya en Francia y esta solo en su poder personal? ¿Cómo no adivina que sus enemigos continentales estarán al acecho del primer paso en falso y se unirán al adversario histórico, Inglaterra?

Austria es la primera que intenta la aventura. Fortalecida por la neutralidad del zar –signo premonitorio sobre la perennidad del compromiso de Tilsit– y financiada por Inglaterra, entra en guerra. Napoleón triunfa, es cierto, en Wagram (6 de julio de 1809) y, fiel a sus principios, arranca un territorio más al vencido haciéndole aceptar, con el tratado de Viena, la unión de Galitzia al gran ducado de Varsovia, un protectorado francés. Esta humillación suplementaria impuesta al emperador de Austria es contradictoria con el proyecto que germinará en la cabeza de Napoleón: asegurar la perennidad de su dinastía casándose, una vez divorciado de Josefina, con una heredera de alguna de las grandes dinastías europeas y, preferentemente, una Habsburgo. ¿Se trata, en el espíritu del Emperador, de la suprema coquetería de un hijo de la Revolución deseoso de desposarse con una pariente de María-Antonieta? ¿Es cuestión de firmar una alianza con Austria teniendo como perspectiva un inevitable enfrentamiento con Rusia? Pero, en esta hipótesis, ¿por qué no haber anulado, tras haberse casado, esa o aquella concesión territorial impuesta anteriormente a los Habsburgo? ¿Por qué nombrar al niño, nacido de su unión con María-Luisa, rey de Roma, al igual que el heredero del Sacro Imperio Romano-Germánico, a quien se atribuía el título de rey de los romanos? Eso supone remover gratuitamente el cuchillo en la herida que representa, para los alemanes, la desaparición del Sacro Imperio.

Al Emperador le falta tanto cultura histórica como contención y reflexión estratégica. La Francia de 1811 no es ya la de Tilsit: alargándose, a causa del bloqueo continental, hasta el mar Báltico, tras haberse anexionado Bremen y Hamburgo, y fortalecida por su protectorado sobre un gran ducado de Varsovia acrecentado con la Galitzia austriaca, se ha convertido en una amenaza directa para Rusia, a la que Alejandro I es tanto más sensible cuanto sus espejismos orientales se han desvanecido. Convencido de la fatalidad de la guerra con el zar, Napoleón prefiere tomar la iniciativa. Ni la inmensidad de la estepa rusa, ni la longitud de las comunicaciones, ni los riesgos vinculados al alistamiento forzoso de regimientos pseudoaliados en la *Grande Armée* le hacen reflexionar. El Emperador prevé un conflicto tradicional con el ejército ruso, colocándose ante sus tropas para proteger la integridad de su territorio. Ni él ni sus fieles imaginaron ni por un solo momento que Alejandro cambiaría las reglas de la guerra: retroceder en vez de avanzar, desaparecer en vez de combatir, abandonar Moscú en vez de defenderlo, incendiarlo en vez de preservarlo y aceptar solo una vez, en Borodino, una batalla clásica, más dañina para un ejército alejado de sus bases que para las tropas rusas que pisaban su propio suelo. Napoleón es puesto así, una vez en Moscú, ante dos malas soluciones: tomar el camino de San Petersburgo arriesgándose a un creciente agotamiento de su ejército, o regresar lamentablemente a Francia. Vencido por la alianza del zar y del «General Invierno», se decide a regresar, pero ha perdido en la aventura su reputación de invencibilidad y, peor aún, su herramienta militar. El toque de acoso está cerca ahora.

Venteando, como un cazador, el olor de la sangre, Prusia se une a Rusia e Inglaterra. Por lo que se refiere a Austria, cada vez respeta menos las reglas de la neutralidad que había proclamado. Las conquistas más recientes comienzan a caer como fichas de dominó: la guerrilla y las tropas anglo-españolas expulsan a José de Madrid; Nápoles ruge y Murat traiciona a su antiguo dueño para intentar salvar su corona; algunas insurrecciones populares impulsan a los príncipes alemanes a distanciarse del emperador y prestar, de nuevo, juramento de fidelidad a Viena. A pesar de su simpatía por la coalición, Austria se ofrece como mediador y propone una solución sobre la base del regreso de Francia a sus fronteras del tratado de Lunéville, de 1801, es decir al territorio de los Borbones ampliado con las conquistas en Italia, en Bélgica y en el Rin.

Sin duda era, para Napoleón, una ocasión histórica de intentar la senda de la paz y dar a su imperio una posibilidad de supervivencia instalándose en la mesa del concierto europeo. Pero fortalecido por un ejército reconstituido a fuerza de reclutamientos anticipados de las clases de edad y excitado por sus éxitos en Lützen y Bautzen, que le recuerdan «los buenos tiempos», el Emperador cree que ha vuelto su buena fortuna y no ve más salida que la militar. Suecia y Austria se unen entonces a la coalición. La relación de fuerzas se ha invertido: con un ejército de un millón de hombres, los coligados tienen ventaja y el mito napoleónico se ha empantanado en la estepa rusa. Los aliados atraen, pues, al Emperador a una batalla frontal en Leipzig; los últimos regimientos alemanes, enrolados bajo la bandera francesa, desertan; la derrota se convierte en desbandada y los restos del ejército de Napoleón se encuentran en el Rin, perseguidos por la coalición. He aquí al conquistador de Europa obligado a defender su propio territorio con un ejército de pacotilla, teniendo a la espalda una clase política dispuesta a traicionarle y a unos mariscales ahítos de honores y sin iniciativa.

Su sueño oculto de ver a Austria actuando otra vez de mediadora topa con la firmeza de Londres, banquero de la coalición y, por ello, su verdadero jefe, decidido a derribar el despreciado régimen. Los aliados aceptan, sin embargo, un compromiso si Francia regresa a sus fronteras de 1792, pero el ofrecimiento choca con una sorprendente reacción de Napoleón, que vuelve a ser el hijo mayor de la Revolución: «Inauditos reveses pudieron arrancarme la promesa de renunciar a mis conquistas, ¿pero que abandone las de la República? ¿Que viole lo que con tanta confianza me fue entregado? ¿Qué podría responder yo a los republicanos?». La suerte está echada. El objetivo de guerra de los coligados es límpido: devolver Francia a sus fronteras, en el mejor de los casos del 1792 y, más probablemente, a las de 1789. Ya solo es una marcha fúnebre: una apisonadora militar por parte de los coligados, a pesar de varios relámpagos del genio de Napoleón en los campos de batalla; una desbandada política en París; la despedida de Fontainebleau; la isla de Elba. Los «cien días» constituyen solo un episodio novelesco, salvo por una demostración política: la debilidad de los Borbones a quienes nadie intenta proteger, a excepción de los coligados. Waterloo es solo un epifenómeno: aunque Grouchy hubiera llegado y Blücher se hubiera extraviado, se habría ganado la batalla pero la siguiente o la otra se habría perdido.

Francia no tenía posibilidad alguna de resistir la coalición del conjunto de sus vecinos. Es una regla importante en el escenario europeo: ningún país, ni el más poblado y más poderoso, puede enfrentarse solo al resto de Europa. Esta verdad de sentido común no fue admitida por Luis XIV ni, sobre todo, por Napoleón, al igual que no comprendieron que, aunque Francia tenga siempre un objetivo de guerra defensiva –preservar su territorio tan bien definido por la geografía–, no consigue elaborar un indiscutible objetivo ofensivo. ¿Exportar sus principios filosóficos y políticos? Zarandajas. ¿Alcanzar sus fronteras naturales? Artificio. ¿Permitirse un glacis territorial? ¿Hasta dónde? Lleva el imperialismo hasta los límites de su potencia; es decir, hasta suscitar la hostilidad de sus vecinos. Su imperio europeo se levanta, entonces, sobre arena. Por lo tanto, es solo fugaz. Nunca jamás, tras la caída de Napoleón, Francia intentará dominar, sola, Europa. Se habrá aprendido la lección. Que no habrá servido a otros: Hitler repetirá, uno tras otros, todos los errores de Napoleón.

12

El III Reich
o la ilusión napoleónica en mucho peor

El paralelismo Hitler/Napoleón es insoportable para el orgullo francés. Pero dejando al margen los rasgos diabólicos del Führer –siempre que eso sea posible–, sus fantasías imperiales y los errores que de ellas resultan se parecen a la *ubris* y a los pasos en falso del Emperador.

Los dos componentes del ADN alemán –el pueblo-nación y el Estado racional– se encuentran, llevados hasta el paroxismo, en el proyecto nazi. Si el nazismo se hubiera limitado a eso, el Reich habría sobrevivido, sin duda, mucho más tiempo. Es, desde este punto de vista, su paradójica diferencia con el Primer Imperio. El mito del pueblo-nación permitía establecer un perímetro geográfico que podía conquistarse a bombo y platillo, en cuyo interior se habría desplegado la forma postrera del Estado racional, es decir su tropismo totalitario. La construcción napoleónica carecía, por su parte, de asiento claramente identificado al que limitarse: de ahí su movimiento perpetuo. Pero pasando de la reunión, en un espacio, del pueblo-nación a la voluntad de convertirlo en la raza de los señores destinada a dominar a los demás, Hitler entró en una carrera sin fin, una cabalgada, desenfrenada también, cuyo desenlace solo podía parecerse a la desaparición del Imperio napoleónico. Ahora bien, el culto del pueblo-nación no lleva en sí mismo el instinto de dominio como nube de tempestad ni el odio a los demás.

De ahí la injusticia que hace del nazismo la salida natural del nacionalismo alemán: es una ideología diabólica que descalificó la propia idea del pueblo-nación, mientras que un nacionalismo moderado habría podido estabilizarla. En efecto, el tratado de Versalles había establecido, sin desearlo, el espacio al este de Europa que Alemania podía convertir en su *hinterland*: una miríada de pequeños Estados, sin pasado y débiles, dotados todos ellos de minorías alemanas, sobre las que Berlín podía apoyarse. Podía tratarse de un dominio atemperado por medio solo de la influencia económica o duro con la anexión de los territorios poblados por alemanes: Occidente se habría adaptado con concupiscencia a la primera, con resignación a la segunda. ¿Qué fue, pues, Munich, salvo la aceptación forzosa del principio según el cual el territorio alemán integra los espacios donde se ha instalado el pueblo-nación? ¿Fue esta versión del nazismo la que validaron las fuerzas conservadoras, cuando pusieron a Hitler en el poder, el 30 de enero de 1933? Sin duda, no imaginaban la incoercible voluntad de dominio del pequeño cabo austriaco, y su intención de someter una amplia parte del mundo al poder de la raza superior.

Hasta 1939, la política de Hitler es odiosa pero reflexiva. Librarse del yugo militar impuesto a Alemania por el tratado de Versalles, volver a ocupar militarmente Renania, transformar la Italia fascista en un asociado júnior, hacer caer España con poco coste militar: otras tantas etapas destinadas a poner de nuevo, por la fuerza, Alemania en el centro del juego europeo y a asustar a unas democracias cada vez más pacifistas y pusilánimes. Estas estaban dispuestas al *appeasement* por poco que Hitler se impusiera algunos límites. De ahí la fácil y molesta aceptación del *Anschluss*, por muy contrario que fuera a la letra del tratado de Versalles. Pero este estaba ya muy mermado. La entusiasta acogida que los austriacos hicieron a las tropas alemanas demostraba a los franceses y a los ingleses que la aspiración de las poblaciones germanófonas a unirse al Reich tenía, desgraciadamente, un perfume de autenticidad. Con esa primera experiencia en la cabeza y, sobre todo, con el miedo en el vientre, las democracias se resignaron a avalar el desmantelamiento de Checoslovaquia y la unión de los Sudetes. Ocurría con el Reich, en aquel momento, lo que con la Francia de las «fronteras naturales» al final de la Revolución: una situación desagradable para las demás potencias europeas, pero tolerable aún.

Con la ocupación, en marzo de 1939, del resto de Checoslovaquia, la ambición imperial de Hitler cambia de naturaleza. El derecho a la autodeterminación de los pueblos no desempeña ya el menor papel;

prevalece el puro instinto de conquista. No hay ninguna población alemana como pretexto: Hitler se permite su primer protectorado. Si la absorción de las minorías alemanas hubiera sido el único objetivo del Führer, habría dejado a un lado Checoslovaquia y planteado prioritariamente el problema de Danzig y del corredor polaco. Sin duda, los franceses y los ingleses, entre la espada y la pared, habrían aceptado nuevas concesiones, tan inscrito estaba el derecho de los pueblos a disponer de sí mismos en la filosofía del tratado de Versalles y tan grande era su conciencia de la ambigüedad fundacional del texto que establecía este principio para todos los europeos, salvo para los alemanes. Pero la anexión de Checoslovaquia trastorna la percepción que las democracias tenían de Hitler, puesto que la aspiración nacional ya solo constituía algo previo a la voluntad de dominar Europa. Desde entonces, el estallido de la guerra es solo ya cuestión de tiempo.

Pero Hitler, como Napoleón, no es, por ello, irreflexivo. Quiere evitar a toda costa que Alemania quede atrapada en una tenaza entre dos frentes, al este y al oeste. Inventa pues, también él, una paz de Tilsit. ¿Acaso el pacto germano-soviético, con sus anexos secretos sobre el reparto de Polonia y la ocupación de los países bálticos no reedita el acuerdo entre Napoleón y Alejandro I? Única diferencia: cuando el zar acepta transigir con el Emperador, ha sido ya vencido dos veces, de modo que su margen de maniobra es reducido. Stalin, en cambio, trata de igual a igual, y como tiene en sus manos, por añadidura, una proposición de acuerdo por parte de los occidentales, puede poner muy alto el listón de las concesiones alemanas. Recupera, por medio del pacto, territorios de los que la Unión Soviética se había separado, muy a su pesar, en el tratado de Brest-Litovsk, y gana tiempo para reconstituir sus fuerzas militares por si, cierto día, tuviera sin embargo que producirse un enfrentamiento con Alemania. Hitler obtiene, por su parte, un cheque en blanco para anexionarse la Polonia occidental y atacar a las democracias sin arriesgarse a un golpe de Jarnac del lado ruso. Al igual que Napoleón había obligado a Alejandro a adherirse al bloqueo continental, Hitler obtiene de Stalin un *nihil obstat* para sus ambiciones en el oeste. Pero a diferencia del emperador, que por algún tiempo creyó en el reparto amistoso del mundo con el zar, el Führer considera inevitable un futuro conflicto con la Unión Soviética.

El «paseo» que constituyó para los alemanes la conquista de Polonia no es, a su modo de ver, una sorpresa tanto cuanto el desvanecimiento del poderío militar francés y el hundimiento de Francia les parece un milagro. Aunque crean en las virtudes del Estado racional, en la formidable disposición de su ejército, en la admirable organización logística de su retaguardia, tenían en el ánimo el recuerdo de los combates de 1914-1918 y el equilibrio de las fuerzas entre ambos países. A pesar del desprecio que la democracia inspiraba a los nazis, no imaginaban sin duda la increíble desbandada de Francia y la posibilidad, para ellos, de una victoria a tan poco precio. Aunque Hitler pareció sentir siempre más consideración por los británicos que por los franceses, fruto, para aquel confuso espíritu, de una extraña proximidad étnica, la tentación una vez anexionada Francia, de intentar conquistar las islas Británicas era demasiado fuerte. El ascendiente militar alemán era por aquel entonces tan aplastante que detenerse en Calais y ofrecer una verdadera paz por separado a un Churchill que no la hubiera aceptado, habría supuesto en el Führer una contención y una inteligencia a lo Bismarck de las que, es evidente, carecía. Se comporta más bien como Napoleón, quien tras haber vencido a Austria, se vuelve de modo casi mecánico contra Prusia cuando, en teoría, nada le obligaba a ello.

La perspectiva de la intervención norteamericana al lado del Reino Unido habría podido disuadir a Hitler, pero este no era ciego: está al tanto del aislacionismo estadounidense. El recuerdo de la no-ratificación por Estados Unidos del tratado de Versalles, las reticencias del Congreso, la comprensión de los meandros de la opinión pública norteamericana, las palinodias de Lindberg: todo concurre a convencer al Führer de que una rápida victoria sobre Alemania no dará a Roosevelt tiempo para lograr que el Congreso y la opinión pública acepten una entrada en la guerra. Si la Luftwaffe hubiera ganado la batalla de Inglaterra y la isla hubiera sido invadida, sin duda Estados Unidos habría aceptado el hecho consumado. Hitler, entonces, habría tenido las manos libres para volverse contra la Unión Soviética. Tal vez su enloquecido proyecto habría podido desarrollarse, a diferencia del de Napoleón, durante un largo periodo pues disponía de aliados: el uno, débil y molesto en Europa, Italia; el otro, potente y decisivo en Asia, Japón. Pero la RAF desempeñará el mismo papel que Nelson: hacer imposible la invasión de la isla y permitir, pues, a Inglaterra obtener, con el paso del tiempo, el mejor partido de su influencia mundial apoyándose en la Commonwealth. Así, en el verano de 1940, la ambición imperial nazi, sin vínculo ya con el ADN alemán –ambición que es, ella misma, su propio motor–, no está todavía condenada, al igual que Napoleón antes de dar los pasos en falso español y ruso.

Son, también aquí, errores semejantes a los del Emperador los que van a acabar con la aventura nazi. El primero, el más extraordinariamente napoleónico: la invasión de la Unión Soviética, el 22 de junio de 1941. El segundo: la declaración de guerra a Estados Unidos tras Pearl Harbor, cuando la propia letra de los acuerdos de triple alianza entre Japón, Italia y Alemania no obligaba a Berlín a iniciar *proprio motu* las hostilidades. Hitler, es evidente, no meditó el ejemplo de Napoleón. Sin duda, no imaginaba que la raza superior pudiera vivir las mismas desventuras que los mediocres franceses: las trampas del espacio ruso, la capacidad del adversario para hacer el vacío, el rigor del invierno, la resistencia popular, el impulso nacional. La agresión contra la Unión Soviética ilustra cómo la lógica nazi sobrepasa el simple ADN del pueblo-nación. La jerarquía de las razas y, por tanto, la inferioridad de los eslavos, la necesidad de un *Lebensraum*,[2] la voluntad de dominio absoluto –*Deutschland über alles*[3]– y, accesoriamente, la voluntad de destruir el bolchevismo: estas locuras no estaban inscritas en los genes del nacionalismo clásico.

Del mismo modo, la sorprendente metedura de pata del Führer después de Pearl Harbor no procede de razonamiento normal alguno. Puesto que el tratado firmado con Japón e Italia no le obligaba a declarar la guerra a Estados Unidos, un ser racional habría apostado que la corriente aislacionista norteamericana haría muy difícil a Roosevelt, una vez declarada la guerra a Japón, a lanzarse de inmediato al asalto de Alemania. Sin duda, hubieran sido necesarias varias maniobras por parte del presidente estadounidense para arrastrar su país a un conflicto que, ciertamente, hacía mucho tiempo que quería empezar, pero que el humor de la opinión pública no facilitaba. Reflexivo, Hitler hubiera zigzagueado e intentado ganar tiempo con los norteamericanos, como había hecho en 1949 con respecto a los soviéticos. ¿Más violento odio contra un Estados Unidos capitalista y *enjudiado* que

---

[2] El «espacio vital».
[3] «Alemania por encima de todo»: título del himno alemán.

contra la eterna Rusia? ¿Pérdida de los puntos de orientación estratégicos a fuerza de volar de éxito en éxito? ¿Locura incontrolable ya?

El resultado es claro: setenta millones de alemanes se las ven con setecientos millones de adversarios. Situación paradójica por parte de un eugenista que mide el poderío por la demografía, a menos que creyera en la superioridad de su raza hasta el punto de imaginar que pudiera triunfar uno contra diez. Entonces, la suerte está echada. Hitler se encuentra en la misma situación que Napoleón: coliga contra él a todas las grandes potencias. Midiendo por este rasero, la alianza italiana no tiene mucha importancia: se convierte incluso en una carga, tan desafortunadas son las iniciativas de Mussolini en los Balcanes y en África del norte pues, obligando a los alemanes a tomar el relevo, alargan las líneas de frente. Por lo que se refiere a la presencia, a su lado, de Japón, ciertamente obligaba a Estados Unidos a combatir en dos terrenos, el Pacífico y el Atlántico, pero ese desdoblamiento en el plano estratégico era asumible por la maquinaria industrial y militar norteamericana lanzada ahora a toda velocidad. La guerra en el Pacífico no bastaba, pues, para reequilibrar la ecuación setenta millones contra setecientos millones.

Se había impuesto lo que De Gaulle había previsto en su Llamamiento del 18 de junio: un conflicto mundial. Pero esta profecía solo se había realizado gracias a los dos errores fundacionales de Hitler. Eran inevitables, teniendo en cuenta su temperamento y la naturaleza del régimen. Del lado del temperamento, sin duda. En lo referente a la naturaleza del régimen, es menos evidente: el aparato nazi no era monolítico y, sobre todo, no se identificaba con el conjunto del Estado, aunque este estuviera sometido. De hecho, muchos jefes de la Wehrmacht habían presentido la marcha hacia el abismo a la que el Führer les arrastraba y, en el propio seno del régimen, numerosos dignatarios habrían preferido gozar de sus prebendas más que iniciar nuevas guerras sin salida, como los mariscales de Napoleón, más deseosos de aprovecharse de sus numerosos ducados que de combatir contra toda Europa.

La suerte está, pues, echada el 11 de diciembre de 1941, día de la declaración de guerra de Alemania a Estados Unidos, pero serán necesarios tres años y medio para lograr que caiga el Reich. Dan la medida de la increíble herramienta militar que el régimen había sabido constituir en ese país que buscaba un Estado racional. La dictadura, la violencia, las exacciones no engendraron la eficacia de la máquina industrial, logística y militar; explican, a excepción del complot de Stauffenberg, la ausencia de revuelta en unos jefes militares dubitativos. El sentido de la organización, la dinámica de la potencia, el dominio de las dificultades más complejas eran, por su parte, cosa del ADN del país. El nazismo, por el contrario, era un factor de desorden. Las estructuras rivales edificadas con el fin de espiarse y combatirse para mejor garantizar la seguridad del Führer, los mecanismos feudales y cambiantes del poder, la mediocridad intelectual y administrativa de los dignatarios nazis, los fenómenos de corte en torno al canciller del Reich son otros tantos obstáculos para el buen funcionamiento del aparato del Estado. Hitler canalizó en su beneficio la eficacia alemana; no la inventó, ni la mejoró, ni la estimuló.

El desenlace de la diabólica aventura del III Reich respeta, como la caída de Napoleón, reglas precisas. Cuando una pulsión imperial reúne contra sí al conjunto del mundo, no hay compromiso posible, no hay armisticio temporal. En una coalición mundial, siempre existe un jugador más decidido que los demás y visceralmente opuesto a toda solución transaccional. Son Inglaterra en 1815 y la Unión Soviética en 1945. La diferencia entre el tratamiento infligido a Alemania en 1919 y en 1946 no se debe solo a las diferencias de situación militar –sin presencia aliada en territorio alemán en 1918, una ocupación completa en 1945– y a la naturaleza de los regímenes –una autocracia imperial en un caso, un sistema diabólico en el otro. Se explica sobre todo por la composición de ambas coaliciones ante Alemania. Los aliados no agrupan al mundo entero en 1918 y el vencedor más exigente, Clemenceau, es un demócrata, colérico es cierto pero lúcido y abierto a la discusión. Nada en común con el Stalin de 1945, tanto más duro cuanto tiene los reflejos de un dictador y lleva en sí mismo una ambición imperial. Esta solo puede desarrollarse a costa de que Alemania pase por el aro. Toca, de un modo vulgar y agresivo, una partitura parecida a la de Wellington en 1815, cuya elegancia de maneras ocultaba la misma voluntad de acabar con las fantasías dominadoras de Francia. Con un temperamento inverso al de Hitler, calculador y no desordenado, taimado y no descontrolado, Stalin intenta a su vez una aventura imperial. Fracasará cuarenta y cuatro años más tarde, pero según un guión más parecido al del final del Imperio de Carlos V.

13

El Imperio soviético:
del granito al castillo de arena

El proselitismo ideológico instrumento de una ambición imperial: ¡he aquí un estreno en la larga serie de los imperios! Ciertamente, la dimensión misionera participó en la política exterior de numerosos Estados, pero siempre se había adaptado a un reparto de papeles con el papado. El emperador del Sacro Imperio aureolaba su poder temporal con deberes religiosos y el papa completaba su papel pastoral con aspiraciones políticas. Con la Unión Soviética, el nuevo Sacro Imperio y el nuevo papado ya son solo uno. Un emperador-papa: concepto inaudito, sin precedentes en la historia e, indudablemente, sin posteridad. Pero este nuevo ser político no es, tampoco, un ovni. Es el heredero de los zares y el ADN ruso irriga la Unión Soviética: esta es, pues, víctima de las mismas fantasías estratégicas que la Santa Rusia.

De ahí una construcción barroca de la que Stalin y sus sucesores hicieron el menor uso. Unas veces papa de una religión nueva, otras zar invocando los manes de la Rusia eterna y recurriendo a la ayuda de la vieja Iglesia ortodoxa. Así pues, el Kremlin toca en un doble teclado, a diferencia de todos los demás imperios. Del lado de la nueva religión, la Internacional comunista es una Iglesia, en principio al servicio de la revolución mundial, destinada en la práctica a defender los intereses exclusivos de la «patria del socialismo». Del lado de la vieja Rusia, el complejo de sitio sigue vivaz y empuja a una ambición territorial clásica que se alimenta de anexiones y protectorados destinados a fortalecer el glacis del Imperio.

La Internacional comunista, luego el Komintern y, ulteriormente, el Kominform se levantan sobre los mismos principios que la Iglesia católica. ¿Infalibilidad pontificia? El Jefe siempre tiene razón. ¿El combate contra los socialtraidores alemanes en vez de hacer frente común contra los nazis, la letanía de los procesos de Moscú y de las purgas, el pacto germano-soviético, la condena del irredentismo de Tito, la intervención en Budapest? No hay lugar para discusión alguna de los cambios de camisa y los ukases del «padrecito de los pueblos». ¿La fidelidad, como los jesuitas, *perinde ac cadaver?* ¡Qué mejor prueba que la aceptación de las purgas y la autodestrucción de los inculpados por fidelidad a la Unión Soviética! ¿La absoluta dependencia de los obispos con respecto al papa? Los jefes de los partidos locales van más lejos aún, acompañados por la presencia a su lado de *missi dominici* del Komintern, mucho más autoritarios que delicados nuncios apostólicos. ¿El tribunal de la Inquisición? Existe en Moscú, en los países satélites y en el seno de cada partido hermano para poder golpear a cualquiera y en cualquier momento.

Pero esta Iglesia tiene una superioridad sobre la de Roma: forma un solo cuerpo con un Estado totalitario, opresivo, militarizado, ante el que el poder temporal de los papas parece una chiribita. El emperador del Sacro Imperio no da tampoco la talla comparado con el emperador comunista: él, que nunca tuvo a su servicio las armas de un Estado centralizado, no puede compararse con un emperador-papa cuyos medios administrativos, militares y represivos son ilimitados. Este sistema sin equivalentes pretende tener como objetivo la revolución proletaria; en realidad, está al servicio de la Rusia eterna y, por tanto, de su tan particular ADN: avanzar y conquistar, por miedo a que la sitien.

La hostilidad del Occidente a la naciente Unión Soviética solo puede alimentar este síndrome histórico. Entre el precio pagado por Alemania, en Brest-Litovsk, para escapar a la guerra intestina que libran los países capitalistas y los repetidos asaltos de los vencedores de 1918 en apoyo de los ejércitos «rusos blancos», los dueños del Kremlin vivían en sus propias carnes su aislamiento. No cesaron de escapar de él, aun manteniendo presente la obsesión de ver cómo los países capitalistas, democráticos o dictatoriales, se aliaban contra ellos. Los mismos reflejos prevalecen en las instrucciones dadas a los partidos comunistas occidentales: el aislamiento en nombre de la pureza revolucionaria o la mano tendida a las «fuerzas de progreso», con el pretexto de la solidaridad de clase, son solo sucedáneos tácticos. Algunos atestiguan una ceguera histórica, como el involuntario apoyo concedido a las fuerzas reaccionarias alemanas, incluidas las nazis, pero la raíz es sin embargo la misma que en la constitución, a la inversa, de los frentes populares: solo importa la visión que Stalin tiene de los intereses a corto plazo de la Unión Soviética. En cuanto al pacto germánico-soviético, plasma el temor tan clásicamente ruso de ver cómo el conjunto de los países europeos –Francia, Reino Unido, Alemania– acalla sus divisiones para entenderse a espaldas de la URSS. Error de juicio que revela una profunda incomprensión del funcionamiento de las democracias occidentales y de su negativa visceral a aliarse con la Alemania nazi, a pesar de las concesiones que se vieron obligadas a hacerle. Solo el complejo de encierro explica este gesto ideológicamente contra natura.

Pero aunque los motivos soviéticos estén marcados con el sello de los prejuicios y las fantasías, la diplomacia de Moscú es prudente, racional, reflexiva. Nunca Stalin y sus sucesores se abandonaron a un comportamiento imperialista como el que conocieron Francia y Alemania. ¿La intervención en la guerra civil española? Siempre dosificada, para evitar un más amplio enfrentamiento con la Alemania nazi y la Italia fascista. ¿El pacto germano-soviético? Un acuerdo cívico en el que la Unión Soviética sale ganando sin correr el menor riesgo. ¿Las relaciones con Estados Unidos e Inglaterra a partir de 1941? Una alianza amasada con segundas intenciones, una relación de fuerzas dosificada al milímetro, una estrategia de conquista rigurosamente calculada. ¿Yalta? Un reparto del mundo europeo cuyos principios respetará Stalin al pie de la letra. ¿El abandono de los comunistas griegos, las instrucciones dadas a Maurice Thorez para que no intentara tomar el poder en Francia, el oscurecimiento, con el mismo espíritu, del Partido comunista italiano? Debe verse en ello la voluntad de no provocar a Estados Unidos en su esfera, para no verlo discutir la supremacía de la Unión Soviética en la suya. ¿La transformación de los países de la Europa central en satélites? Es la aplicación, ciertamente brutal y sin contención, de las zonas de influencia definidas con los ingleses y los norteamericanos. ¿Los guiños, veinte años más tarde, a la Francia gaullista, la negativa a permitir en 1974 que los comunistas tomaran el poder en Portugal? Los sucesores de Stalin respetan los principios fundacionales.

Ciertamente, existe entre los estrategas calculadores del Kremlin la tentación de poner a prueba la capacidad de resistencia estadounidense, pero siempre supieron no ir demasiado lejos. Así ocurrió con el bloqueo de Berlín. Frente al puente aéreo y a la determinación de Estados Unidos, Stalin da marcha atrás sin la menor vergüenza. Así ocurre en la guerra de Corea: confrontado a la implicación de Estados Unidos, que no había previsto a esta escala, el dueño del Kremlin deja a la China comunista en primera línea y se guarda mucho de desafiar personalmente el poderío norteamericano. Así ocurre en la crisis de Cuba: habiendo subestimado la firmeza de Kennedy, Jruschov no vacila en retroceder, una vez evaluada la desvergüenza de desafiar a Estados Unidos a 150 kilómetros de sus costas. Asimismo, cuando los avatares de la guerra fría suscitaron inevitables tropiezos con los occidentales, la Unión Soviética nunca fue más allá de una relación de fuerzas siempre dominada. La crisis de Suez, las guerras árabe-israelíes de 1967 y 1973, las guerras de Vietnam en las que Moscú se ocultó detrás de Pekín –con una China aliada en 1954 o rival en 1968: son circunstancias que hubieran podido servir como pretexto para llegar al extremo. Al igual que la edificación del Muro de Berlín en 1961, por muy provocador que fuera simbólicamente, no era una agresión a Occidente: la RDA, brazo secular de la Unión Soviética, tenía derecho a ello.

Prudencia no significa debilidad ni pusilanimidad: el Imperio soviético no dejó de ganar su imperialismo, calculador y cauteloso, de marcar goles. En los territorios ocupados gracias al protocolo secreto del pacto de 1940, se añadieron después de la guerra las democracias populares del centro y del este de Europa. A Cuba, astilla plantada en el flanco de Estados Unidos, se suman los países aliados del Sudeste asiático. Al Egipto de Nasser y de Sadat, a la Siria de Assad, cabezas de puente soviéticas durante decenios, corresponde el vínculo privilegiado con India.

Único punto negro, y de gran talla, en esa marcha hacia delante: la ruptura sino-soviética en 1961 y el cuasi enfrentamiento con Pekín. Acostumbrados a dominar, los soviéticos eran tan ineptos como la Iglesia católica en impedir que los irredentismos se transformaran en cismas. La repudiación de Tito después de la guerra y la incapacidad para tratar a China como un socio y no como un vasallo revelan esta ceguera. Hábiles en la práctica de los compromisos con sus enemigos occidentales, Stalin y sus sucesores eran incapaces de matices y acomodos en el seno del mundo comunista. ¡Qué incultura era necesaria para no considerar China a través de su inmenso pasado! ¡Qué incomprensión de la revolución maoísta para no haber evaluado su dinámica nacionalista! ¡Qué ignorancia, incluso, de los cánones del marxismo para no adivinar la especificidad de un movimiento revolucionario de campesinos! ¡Qué ausencia de agudeza en Stalin y, a fortiori, en Jruschov, para no haber comprendido el inmenso orgullo de Mao y haberle tratado como a un Gomulka o a un Novotny cualquiera!

Si la ruptura de 1961 no se hubiera producido, el orden del mundo habría sido distinto y el Occidente habría parecido un fortín sitiado. El Imperio comunista habría sido dominante sin ser agresivo: no hubiera corrido riesgos inútiles. Semejante contención acompañada por un espíritu de conquista es, de todos modos, un estreno en la historia. Es posible, después de 1945, cargarlo en la cuenta de la superpotencia de Estados Unidos. Pero la explicación no vale: aunque Stalin tuviera miedo del arma nuclear norteamericana, disponía por su lado de una fuerza militar clásica inconmensurable. ¿Qué habría ocurrido, por ejemplo, si hubiera alentado al Partido comunista francés a tomar el poder tras la salida del general De Gaulle, de acuerdo con el modelo que prevalecería dos años más tarde en Praga? ¿Una guerra mundial? Nada es menos seguro, teniendo en cuenta los reflejos aún vivaces del aislacionismo estadounidense. Pero el dueño del Kremlin no corrió ese riesgo. Era un calculador y no un jugador. En los antípodas de Napoleón y de Hitler, un dominador más que un conquistador.

La prudencia inherente a ese imperio participaba de la convicción, unánimemente extendida, de su perennidad. Protegido de cualquier agresión extranjera por su fuerza nuclear, poco inclinado a provocar una violenta reacción de hostilidad, parecía al abrigo del riesgo de desaparecer brutalmente, presionado por una coalición o un enemigo. Su descomposición solo podía proceder del interior. Aunque el mesianismo hubiera perdido su lustre y solo ficticiamente sirviera de cimiento al sistema, este parecía intangible. Solo algunas democracias populares –Hungría en 1956, Checoslovaquia en 1968,

Polonia en 1980– habían conocido agitaciones protestatarias. La «patria del socialismo» parecía inmunizada contra cualquier forma de revuelta. Nadie veía en ella ya el paraíso socialista: ni los ciudadanos, ni los miembros del aparato, ni las poblaciones de los países hermanos, ni los comunistas del mundo entero. Pero ninguno de ellos imaginaba que el sistema fuese frágil.

De ahí el trueno que supuso Gorbachov. Hay algo de Carlos V en este *apparatchik*. Al igual que el emperador había ocultado a los suyos su intención de desmantelar personalmente su dominio, Gorbachov se había guardado mucho de comunicar a sus colegas su diagnóstico sobre la URSS antes de que lo pusieran por las nubes. No creía más en la viabilidad a largo plazo del imperio que heredaba que el Habsburgo en el suyo. Diferencia social entre ambos emperadores «paralúcidos»: el soviético no tenía el poder ni la libertad de acción de un soberano de derecho divino. Donde Carlos V organiza, él dinamita. Donde el primero reparte reinos, el segundo abre una caja de Pandora. Donde el heredero del Sacro Imperio intenta instaurar tras él un equilibrio de poderes, el lejano sucesor de Stalin se lanza a una enloquecida e imprevisible carrera. Desmontar un imperio es un arte, pero no se enseña en las escuelas del Partido comunista. El diagnóstico de Gorbachov es acertado: una economía asfixiada, una defensa militar desproporcionada, una absurda postura conflictiva, países satélite que constituyen más una carga que una baza, una sociedad civil anémica, un aparato de poder esclerotizado. Sin duda, esperaba actuar de modo gradual: introducir poco a poco las reglas del mercado en el sistema económico, descerrajar el espacio de las libertades públicas, distender los vínculos con las democracias populares, atenuar las heridas nacionalistas de las minorías. Pero Gorbachov no tenía estrategia ni aliados para llevar a cabo con orden esta tarea faraónica. Sin presentirlo, hizo saltar el sistema con, a su lado, solo el apoyo de un Occidente bienintencionado pero impotente. Fue enseguida una desbandada. Desbandada económica: algunas medidas liberalizadoras sin visión de conjunto solo podían desorganizar por completo un sistema tan rígido que era irreformable por etapas. Desbandada política: como si el primer secretario del PCUS quisiera aportar la demostración experimental de la vieja profecía de Tocqueville según la cual el más peligroso momento para un régimen autoritario es el inicio de la reforma. Desbandada ideológica con su incapacidad para inventar, como los comunistas de la primavera de Praga habían intentado hacer en 1968, un marxismo-leninismo liberal. Desbandada estratégica con la caída de las democracias populares como fichas de dominó, en cuanto la amenaza de una intervención militar soviética, como en 1956 en Budapest y en 1968 en Praga, había sido excluida oficialmente. Pero la desbandada postrera, la más pasmosa, es la desaparición del propio Imperio ruso; es decir, de la vieja Rusia. Era posible imaginar, en los más enloquecidos guiones, la democratización de los países satélites, incluso la reunificación de Alemania. Pero nadie hubiera creído posible la emancipación de las repúblicas musulmanas, la independencia de los países bálticos, la separación entre Rusia y Bielorrusia y la salida de Ucrania.

No fue el Imperio de los soviets lo que Gorbachov destruyó, fue la herencia de los zares. Fueron siglos de conquistas, al norte, al oeste, al sur y al este los aniquilados. ¿Una Rusia sin Kiev y Minsk? ¿Una Rusia sin la Georgia natal de Stalin? ¿Una Rusia sin Tashkent y Samarcanda? Inimaginable pero, no obstante, cierto y probablemente duradero. De ahí una evidencia: la vieja Rusia era menos sólida de lo que pretendía hacer creer; había ocultado los irredentismos más que vencerlos; parecía en el interior de sus fronteras históricas un imperio a la antigua mucho más que el Estado centralizado que pretendía encarnar. Pero, una vez devanado el ovillo, ¿por qué va a detenerse el proceso? Numerosas minorías insurrectas en la Rusia de Putin no son más rusas de lo que eran los ucranianos o los georgianos. Solo pueden sentirse oprimidas, y la brutalidad de la reacción de Moscú revela el temor legítimo a ver Rusia, amputada ya ahora, serlo más aún. Pero la represión es en sí misma un reconocimiento: atestigua el carácter artificial del vínculo de ciertos territorios. ¿En qué son los chechenos más rusos que los armenios, independientes ahora? La diferencia solo depende de los distintos estatutos jurídicos bajo el comunismo. Fueron las repúblicas miembro de la «Unión de Repúblicas Socialistas Soviéticas» las que se emanciparon, y no las regiones autónomas miembro, por aquel entonces, de la República de Rusia. Moscú, evidentemente, no renunció a recuperar, algún día, algunas «repúblicas hermanas» libres ahora. La obsesión apunta naturalmente, en nombre de la aspiración eslava, a Bielorrusia y Ucrania, de ahí el uso del arma petrolera, puesto que la vía militar estaría, por su parte, preñada de excesivos riesgos. Pero nadie puede afirmar que una reconquista de tipo clásico no va a producirse nunca. La violenta oposición de Moscú a la idea de que Ucrania y Georgia se unan a la OTAN es más que reveladora: el Kremlin hará cualquier cosa para evitar que estos dos países gocen, a través de semejante adhesión, de una garantía militar occidental. Prueba, si necesario fuera, de que merodean segundas intenciones poco agradables...

La increíble descomposición a la que hemos asistido constituye la mejor lección sobre la caída de los imperios. Esta solo se detiene cuando el reflujo tropieza con una fuerte realidad nacional. Esta era sin duda la convicción de Carlos V: si no hubiera gestionado magistralmente la devolución de sus territorios, la propia España no habría sobrevivido y su heredero directo habría sido el soberano de una Castilla amputada de Aragón, de Cataluña y de algunas provincias más. Pues, aunque comparación no sea razón, Castilla habría sido el equivalente de la Rusia actual, España de la URSS y el Imperio de Carlos V del Imperio soviético.

14

¿El Imperio norteamericano?
Un oxímoron

Los militantes del «antinorteamericanismo primario», en el sentido en que antaño existía un «anticomunismo primario» no son los únicos que juegan con la retórica del Imperio norteamericano. Para el hombre de la calle, en París o en Jeddah, en Madrid o en Yakarta, en Río o en Johannesburgo, el Imperio norteamericano pertenece a la evidencia y, por tanto, al discurso cotidiano. Las palabras son, en este caso, más fuertes que el concepto. Un imperio supone un Estado central capaz de dominar diversas naciones. Nada de eso sucede en el caso estadounidense. ¿Se habla, por asonancia, de imperio porque los norteamericanos sean imperialistas? El imperialismo norteamericano: otro estribillo tradicional del debate público. La realidad está, como sabemos, más matizada. Los norteamericanos se comportan a menudo de modo imperial, sin ser imperialistas. ¿El *imperium*? Cierta brutalidad en las relaciones internacionales; un sentimiento de superioridad y buena conciencia; frecuentes abusos de poder, sobre todo en la esfera económica; más generalmente el comportamiento de una «fuerza que funciona» sin prestar mucha atención a los demás. Pero el imperialismo, por su parte, es de otra naturaleza: no es un modo maleducado, a veces, de comportarse en el seno de la sociedad internacional; es un designio estratégico madurado durante mucho tiempo y a cuyo servicio se concentran todas las fuerzas de un Estado. Postura a mil leguas de la actitud de Estados Unidos.

Estos tienen intereses: velan celosamente por ellos. Disponen de un ascendiente monetario, económico y cultural: hacen cualquier cosa para protegerlo. Se fijan ocasionalmente objetivos políticos: entonces consagran a ello sus medios, sin escatimar. Eso no constituye, sin embargo, los ingredientes del imperialismo. Demasiado diseminados, insuficientemente coordinados, mediocremente reflexionados. Tras un imperialismo aparece siempre, al trasluz, una silueta: un hombre, un Estado o un sistema político. Nada de eso ocurre con Estados Unidos. Su ADN, aislacionista y misionero a la vez, lo prohíbe. Un país aislacionista no puede convertirse en imperio: es una contradicción en los términos. Una nación misionera no aspira a jugar al colonizador, al menos por mucho tiempo: cuando los norteamericanos han ocupado países, no han cesado de implantar la democracia en ellos y de hacer que los *boys* regresaran al país. Lo atestigua el empecinamiento que Estados Unidos puso en obligar, después de 1945, a sus aliados británicos y franceses a descolonizar. La hostilidad de Roosevelt contra el Imperio británico fue la única causa de los choques con Churchill, y la violencia con la que Eisenhower obligó a la expedición franco-británica en 1956, en Suez, a dar marcha atrás demostraba que el anticolonialismo era tanto cosa de los republicanos como de los demócratas.

Ciertamente, este «pseudoimperio» hizo guerras destinadas a confortar su predio, como contra los españoles para expulsarlos de Cuba a finales del siglo xix. Pero se trataba menos de conquista que de rechazar a un intruso histórico en el «coto de caza» estadounidense. Era una aplicación de la doctrina Monroe –el continente americano para los americanos, bajo la férula de Estados Unidos. Nada, en ese caso, de clásicamente imperial. Por lo que se refiere a las demás guerras hechas por Estados Unidos, mezclan de modo indisociable el *containment* –de acuerdo con la palabra de George Kennan refiriéndose a la Unión Soviética– y el mesianismo. Las dos guerras mundiales lo atestiguan: rechazar y meter en cintura a las potencias agresivas, Alemania y Japón, que podían amenazar el equilibrio del mundo y, por tanto, la tranquilidad norteamericana, pero también comportarse como paladines de la democracia, luchando contra los totalitarismos e intentando ofrecer la libertad a pueblos aplastados por la dictadura. Motivos que no responden en absoluto a los cánones clásicos del imperialismo.

Los conflictos en Corea y Vietnam participan del mismo comportamiento en el ánimo de los norteamericanos: poner freno a las ambiciones comunistas y, por tanto, actuar como paladines de la democracia. Eficaz en Corea, la intervención resultó un fiasco en Vietnam, pero en este último enfrentamiento la dimensión misionera quedó, muy a menudo, oculta y comprometida por las torpezas del régimen de Saigón. Más mesiánico, el compromiso norteamericano tal vez hubiera sido mejor aceptado por la opinión pública. Teniendo en cuenta la mediocridad de la administración sudvietnamita, el expediente moral no era en absoluto defendible. Toda guerra es difícil de asumir por la población estadounidense, pero, sin embargo, si se trata del combate del bien contra el mal, la partida puede jugarse. Cuando el aliado parece menos respetable que el enemigo, ninguna razón de Estado puede prevalecer contra los sentimientos de la opinión pública: a esta le repugna tanto batirse, aun por las buenas causas, que es imposible hacerlo duraderamente en beneficio de unos socios dudosos.

La intervención en Afganistán y en Irak procede de la misma andadura: rechazar a un enemigo –Al Qaeda y los talibanes, Sadam Hussein– e imponer la democracia en las naciones que están bajo el yugo. El resultado no está a la altura de lo esperado por una razón que no depende de las intenciones norteamericanas, sino de su carencia de cultura colonial y, por tanto, de su incomprensión de las contingencias y los hábitos locales. Si Estados Unidos hubiera, tras un golpe de varita mágica, gozado en estos países de la experiencia británica, habría evitado muchos pasos en falso como la desmovilización del ejército iraquí una vez conquistada Bagdad. Desprovisto de la habilidad y el cinismo de un viejo país colonial, Estados Unidos comete errores que deben cargarse en la cuenta de su ingenuidad. Esta es solo un subproducto del aislacionismo y el mesianismo: el primero induce una ceguera para con el resto del mundo, el segundo provoca comportamientos ingenuos y, por tanto, desplazados en un contexto tan difícil.

Estados Unidos sigue siendo el gendarme del planeta. Es una forma de imperialismo, supondrán algunos. Que ese país es la única potencia militar presente en las cuatro esquinas del globo y que puede llevar a cabo, en todas partes, operaciones puñetazo, es una evidencia. ¿Quién puede negar que obtiene de ello una influencia política sin igual? Pero el instrumento no basta para convertir a Estados Unidos en la híperpotencia que algunos, por antinorteamericanismo a menudo, se complacen en imaginar. Privado de los medios del reclutamiento, el ejército norteamericano es incapaz de librar simultáneamente dos guerras locales. Empantanado en Irak, se veía reducido a la porción congrua en Afganistán y, prisionero de uno u otro de esos dos campos de batalla, no estaba en condiciones de emprenderla con Irán, en caso de necesidad. Para el gendarme del mundo supone un duro constreñimiento que no está cerca de desaparecer, teniendo en cuenta el aumento de la penuria presupuestaria y el ineluctable declive de los medios destinados al Pentágono.

Disponer de bases militares en las cuatro esquinas del mundo es una formidable baza política. Poder desplegar este símbolo del poderío que representan los portaaviones es un arma psicológica esencial. Dar la impresión de estar en condiciones de intervenir en el mundo en crisis asienta la dependencia de muchos países. Pero Estados Unidos juega al gendarme más que serlo realmente.

Durante la guerra fría no tenía otra alternativa que regir el mundo no comunista. Desde 1989, la situación es mucho menos maniquea. ¿Dónde se encuentran ahora sus intereses vitales? ¿Dónde utilizar medios militares limitados? Como siempre en la historia de Estados Unidos, las fases de intervención dan paso rápidamente a un repliegue aislacionista. La falta de éxito –o el fiasco, eso es cosa de opiniones– iraquí o afgano dará lugar a semejante tentación. Si Taiwán estuviera amenazado por la China continental, ¿intervendría Estados Unidos militarmente? Nada es menos seguro. ¿Lo harían si los Emiratos fueran atacados por Irán? Sin duda, pues se trataría de una operación limitada. Si Arabia Saudí aquella fuera invadida, probablemente no podría escapar a su deber, so pena de perder su estatuto de primera potencia mundial. Pero si aquella fuera objeto de una toma del poder islamista, sin intervención exterior directa, su actitud sería menos incierta. Durante mucho tiempo, Israel, aun sin tratado de defensa, ha actuado como el quincuagésimo primer Estado de la Unión; ¿es así todavía? Frente a una agresión iraní, sin duda, ¿pero frente a un ataque de menor magnitud?

Están lejos los tiempos en los que Washington consideraba América del Sur, Oriente Medio, el golfo Arábigo, el mar de China como cotos de caza. Ni siquiera en aquella época se trataba del funcionamiento de un imperio. Los países concernidos solo de lejos se parecían a protectorados aunque existiera, sin embargo, un soberano con sede en Washington. Ya no es así. Hugo Chávez se burla de los norteamericanos como nunca se habría atrevido a hacerlo Castro; el gobierno israelí considera unas briznas desdeñables las amonestaciones de Barack Obama; la monarquía saudí duda, tras el abandono del régimen de Mubarak, de la fidelidad estadounidense. Cuando Washington considera necesario abandonar a un aliado, lo hace sin la menor vergüenza. Todos los países que están, en teoría, bajo la sombrilla norteamericana tienen en su memoria la suerte que Jimmy Carter reservó al sha de Irán o, recientemente, a Hosni Mubarak, un aliado esencial durante tanto tiempo en el Próximo Oriente, que fue repudiado. No son los comportamientos de un imperio comprometido en la defensa de sus vasallos, sino la expresión de intereses egoístas, aislacionistas pues, bien entendidos.

Cuando Estados Unidos no manifiesta ya su *imperium* político, acompasa la vida del planeta en los planos monetario, económico y cultural: este ascendiente revela una lógica espontánea de potencia más que una estrategia reflexiva, decidida, aplicada minuciosamente. El increíble privilegio de regalía que supone el dólar, que permite a los norteamericanos financiar su déficit exterior con la emisión de su propia moneda, es el resultado de una sucesión de estados de hecho más que de opciones deliberadas. Estado de hecho en la posguerra: el sistema del patrón de cambio oro que convertía al dólar en el ancla del sistema monetario del mismo modo que el oro plasmaba la relación de fuerzas económica de la época. Estado de hecho: la decisión tomada en 1971 por el presidente Nixon de poner fin a la convertibilidad en oro del dólar, que acentuó paradójicamente el dominio de este. Plasmando una posición de debilidad estadounidense, esta ruptura, por un ardid imprevisto de la historia, acrecentó el papel de pivote del dólar. Estado de hecho: la reacción visceral de los países excedentarios en divisas de colocar su peculio en dólares, aun criticando al mismo tiempo la política norteamericana. No es ya Estados Unidos el que proclama el ascendiente del dólar, son los demás. Lo atestigua la cínica y tan acertada frase del secretario del Tesoro en tiempos de Nixon, Connolly: «El dólar, nuestra moneda, vuestro problema». Los norteamericanos, naturalmente, no se engañan sobre el precio impuesto al mundo entero por sus déficits incontrolados, pero pueden con todo derecho exonerarse de sus responsabilidades poniendo de relieve la blandura de sus socios que siguen avalando, por miles de millones, sus bonos del Tesoro.

Del mismo modo, su política comercial es más egoísta que imperialista. El combate por el libre cambio topa siempre, en el seno del Congreso, con los intereses locales de los parlamentarios. De ahí la paradoja de ver cómo la patria del mercado solo a regañadientes acepta las sucesivas liberalizaciones del comercio mundial. Es necesario un presidente norteamericano en una posición de gran fuerza política para prescindir de las reticencias de los *Congressmen*; resultará cada vez más difícil, mientras el ascenso de los países asiáticos alimenta el fantasma del proteccionismo. Incluso bajo las administraciones más librecambistas, Washington ha preservado siempre un arsenal jurídico que le permite proteger sus actividades nacionales. Reglamento de las inversiones extrajeras, nacionalismo exacerbado cuando se trata de grandes contratos públicos, subvenciones agrícolas, mecanismos fiscales favorables a la exportación: contemplados a la luz de los principios de la Organización Mundial del Comercio, todos estos dispositivos tendrían que desaparecer o, al menos, ser sustancialmente enmendados. Pero, en la época en la que Estados Unidos dominaba el planeta económico, se creó una tradición que impedía a sus asociados discutir con dureza estos privilegios. Ayer encarnaba el dinamismo de una potencia dominante; hoy protege su mercado ante competidores cada vez más emprendedores. Lo que se consideraba imperialismo ya solo es aislacionismo económico, es decir un proteccionismo disfrazado.

El primer campo de dominio norteamericano no es ahora político, ni económico, ni comercial: es tecnológico, mediático y cultural. Es el fruto de un tono empresarial que, por su parte, nunca ha declinado y de un sistema universitario sin par. Imposible ver en ello el resultado de una andadura imperial destinada a poner bajo tutela a los demás países. El verdadero poder estadounidense puede caracterizarse en tres palabras: Apple, Hollywood, Harvard. La primera simboliza una creatividad tecnológica sin igual; la segunda, los productos culturales que moldean el mundo contemporáneo; la tercera, las «fábricas» que forman las élites de todo el planeta. En una época que ve como el *soft power* sustituye al *hard power*, son evidentemente bazas de primera mano. Fortalecen la ejemplaridad del modelo norteamericano y la presión que ejerce sobre el mundo entero. Aunque ese molde forme más que antaño a los consumidores y las élites de todos los demás países, de ello no resulta un excedente de *imperium* en beneficio de Estados Unidos. Chinos drogados con el iPhone y el iPad, indonesios cebados con series de televisión norteamericanas, ministros de Hacienda de los países emergentes formados en las universidades de la *Ivy League* no son los siervos de Estados Unidos, ni sus masas de maniobra, ni sus cómplices, ni sus agentes políticos.

Esta es la paradoja: la influencia del modelo norteamericano crece, pero el *imperium* de Estados Unidos se deshace, fenómeno acentuado por el propio cambio de su población. Nación occidental ayer, Estados Unidos se convierte en un «país-mundo»; es decir, en el sincretismo del mundo entero. ¿Cómo no decir, parodiando a Stalin: «Al final, gana la demografía»? Desde este punto de vista, los Estados Unidos de hoy y, más aún, los de mañana, nada tienen ya en común con la «hija mayor» de Occidente que representaba este país de 1850 a 1950, con sus masas de inmigrantes irlandeses, polacos, italianos, sus élites *wasp*, potente comunidad judía y los millones de negros puestos al margen del sistema. Los negros han recuperado parte de su retraso con respecto a la población blanca, los hispanos se convierten en la principal minoría del país y los estadounidenses de origen asiático se imponen en pleno meollo de las élites políticas, culturales, económicas y académicas. Cuando los sino-norteamericanos hayan sustituido a los *wasp* en el firmamento de la sociedad y los indo-norteamericanos a los judíos, Estados Unidos no será ya el mismo.

Sus vínculos con el resto del mundo occidental serán, solo por este hecho, cada vez más tenues. Lo que suscitó la solidaridad occidental, después de la Segunda Guerra Mundial, fue más la resistencia a la amenaza soviética que la contigüidad de los valores, los recuerdos y los vínculos. No existe hoy adversario para desempeñar este papel. Estados Unidos prefiere tratar con China más que practicar un ilusorio *containment* con la ayuda de los europeos. Actúan de concierto con los europeos, ante el inquietante desafío iraní, pero la clave de una solución internacional se encuentra en Moscú y en Pekín, no en Bruselas. Se alegran, por pura forma, de la presencia de suplentes europeos, a su lado, en Afganistán, pero es más cosa de símbolo que de sustancia. Washington mirará cada vez más a Europa como miramos nosotros a Suiza: un espacio ahíto, declinante, donde es agradable vivir. No les planteamos problemas a los norteamericanos. Ahora bien, la jerarquía de las inquietudes será, cada vez más, su único barómetro. Cuando las últimas connivencias sociales y culturales entre las élites estadounidenses y europeas hayan desaparecido, la solidaridad occidental se habrá borrado. Barack Obama es una prefiguración de esta nueva Norteamérica. Hoy representa, todavía, una excepción para nuestros hábitos de pensamiento; más tarde aparecerá como una anticipación.

Esta Norteamérica, país-mundo, sincretismo del planeta, se parecerá menos aún a un imperio que la Norteamérica tradicional. Defenderá sus intereses, establecerá vínculos de pura conveniencia, integrará solidaridades al albur de su propia evolución demográfica. ¿Se verá algún día obligada, en su cara a cara con China, a tocar de nuevo la partitura de la guerra fría y a ser otra vez el director de orquesta de una gran alianza, a falta de ser su emperador? Evidentemente, una pregunta sin respuesta. Esta depende en efecto de dos incógnitas: ¿se volverá China, agresiva incluso, hasta el punto de suscitar, a cambio, reacciones defensivas? ¿Y será Estados Unidos capaz aún de desempeñar el mismo papel que de 1947 a 1991? Lo hizo con dificultades en el pasado, teniendo en cuenta un aislacionismo que su tropismo pro-europeo no bastaba para dominar, y precisamente cuando estaba incluso amenazado por una potencia hostil incomparablemente más fuerte que las demás. ¿Qué ocurrirá cuando solo sea uno entre los grandes? No haber sido un imperio cuando podía serlo no permite en absoluto presumir que va a serlo cuando el precio sea infinitamente más elevado. ¿El Imperio norteamericano? ¡Más que nunca un oxímoron!

Tercera parte

La redistribución de las cartas

15

Un holandés nacionalizado inglés

La Gloriosa Revolución inglesa de 1688 no es el rugido de un trueno, como el 14 de julio de 1789. De hecho es un Thermidor que concluye un proceso iniciado casi cincuenta años antes, pero es también la más paradójica conquista que Europa haya conocido jamás: Inglaterra, en efecto, no es anexionada por una Holanda victoriosa, fagocita al invasor, transforma al Stadhouder de las Provincias Unidas en un verdadero monarca y manifiesta, de este modo, su poder y su identidad.

Todo se inicia en 1642, con la guerra civil entre la monarquía y el Parlamento. Londres en manos de los parlamentarios, Oxford capital real. Dos capitales, dos geografías, dos concepciones del poder, dos ejércitos: los campos están mejor dibujados, más rígidos de lo que serán a comienzos de la Revolución francesa. El advenimiento de Cromwell, en 1645, a la cabeza de los ejércitos parlamentarios hace caer la línea del frente. Oxford es ocupada, Carlos I vencido, el campo parlamentario entregado a las divisiones que toda victoria acarrea. En residencia vigilada, en Hampton Court, el rey decide huir. Lo consigue –no hay allí Varennes...– y se pone a la cabeza de Escocia. De ahí una segunda guerra civil, con un cortejo de victorias de los parlamentarios que asientan la posición de Cromwell. Ocupada Edimburgo, prisionero el rey, el Parlamento cruza el Rubicón llevando a juicio al soberano y condenándole a muerte. Ese acto sacrílego no provocará, extrañamente, las mismas reacciones internacionales que despertó la ejecución de Luis XVI. Del mismo modo, la proclamación de la República no provocará la ira de las monarquías europeas. La República será, es cierto, fugaz. Cromwell no tarda en apoderarse de ella.

Nada mejor para justificar un proconsulado que la guerra. Así, el Acta de navegación de octubre de 1651 decreta que cualquier mercancía importada a Inglaterra tendrá que hacerlo a bordo de un navío nacional. Evidentemente, es una provocación a las Provincias Unidas, que desemboca en un conflicto. ¡Pero qué manifestación el cromosoma mercantil de los británicos verlo servir como pretexto para una voluntad de poder, precisamente donde los franceses, por su parte, hubieran utilizado el recurso de una anexión territorial!

Cromwell aprovecha las circunstancias para disolver el Parlamento y atribuirse el título de lord protector, y lleva a cabo un recorrido que Robespierre será incapaz de seguir. El mundo entero no protesta; el legitimismo parece llevarse bien con el realismo. Así, el Rey Sol se limita a advertir, como un cronista político: «Cromwell, a quien el genio, las ocasiones y la desgracia de su país habían inspirado pensamientos muy por encima de su cuna, simple oficial de las tropas rebeldes del Parlamento al comienzo, luego general, luego protector de la República y deseando en secreto la calidad de rey que rechazaba en público, hinchado por el éxito de sus empresas, no veía, ni fuera ni dentro de su isla, nada tan grande que no pensara en poder pretenderlo».

Paradoja típicamente inglesa: la única Constitución escrita que nunca ha conocido Gran Bretaña es la de la breve República, en ese caso el «Instrumento de gobierno» promulgado en 1653 y que establece un régimen consular parecido al de Bonaparte, ciento cincuenta años más tarde. Pero Cromwell no suscita la misma hostilidad. Firma la paz con las Provincias Unidas, establece una alianza con Francia y se enfrenta a España, utilizando hábilmente las divergencias entre los países del continente. Inglés hasta la médula, respeta el axioma que obliga a su poco poblada isla a dividir los Estados continentales para afirmar su seguridad. Cromwell desaparece en 1658 sin haber instaurado un régimen que pudiera sobrevivirle, como si se hubiera limitado a considerar su reinado como un paréntesis y no como el amanecer de un nuevo sistema político.

El regreso de los Estuardo se impone con naturalidad y Carlos II se compromete, por la Declaración de Breda, a perdonar a sus súbditos, pagando su regreso con la mansedumbre, como lo hará

Luis XVIII al otorgar la Carta. Salvo por el ahorcamiento *post mortem* de los restos del lord protector y algunas ejecuciones, prevalece la reconciliación y una ley de amnistía la plasma. Carlos II recupera por su cuenta la estrategia de su abuelo Enrique IV en el momento del Edicto de Nantes, pero sobre todo no intenta hacer pagar al Parlamento el precio de la ejecución de su padre. El *Long Parliament* (1661-1679) lleva la autonomía hasta querer imponer, incluso, contra la opinión de la Corona, la creación de una Iglesia nacional. Mientras se compromete por el tratado de Dover, firmado con Luis XIV en 1670, a reconocer la legitimidad de la religión católica, el rey no deja de retrasar su conversión, a diferencia de su hermano Jacobo, que mostró más celo que un misionero.

Guillermo de Orange ve en la alianza franco-inglesa la plasmación del deseo de los Borbones de asentar en su beneficio una monarquía universal, como habían hecho los Habsburgo bajo Carlos V. Publica pues, directamente en inglés, un panfleto contra esa política, primera expresión, y de gran habilidad, de su tropismo británico. ¿Gana con ello la mano de una Estuardo, María? Ese matrimonio será, cuando llegue el momento, muy útil a sus ambiciones.

Pese a las incertidumbres políticas del momento, el Parlamento impone en 1679 el hábeas corpus plasmando en una ley el ya antiguo principio de la *Common law* que permitía a los magistrados obtener la comparecencia de todos los detenidos en tres días, para impedir así los arrestos arbitrarios. ¿Había mejor testimonio de la fuerza del parlamentarismo que imponer un texto liberal, en un momento en el que las tensiones religiosas llegaban a su paroxismo? Pero los parlamentarios permanecen, sin embargo, petrificados por una cuestión abisal para la época: ¿puede un reino protestante ser gobernado por un rey católico? Interrogante clave cuando el celo del duque de York suceda a su hermano Carlos II, religiosamente más inaprensible.

Ese envite hace brotar la selección parlamentaria que durará hasta la irrupción de la clase obrera en la escena política por medio del Labour: los *Whigs* quieren apartar al duque del trono; los *Tories* se afirman respetuosos del orden sucesorio normal. ¿Le toca al Parlamento decidir y, por tanto, disponer de la Corona? Los acontecimientos de 1688 responderán afirmativamente. En cuanto al Stadhouder de Holanda, cada vez más atento a los debates británicos, considera un placer ofrecer asilo a John Locke y permitirle publicar su *Carta sobre la tolerancia*.

La situación se tensó a partir de 1685: el duque de York se convierte en rey con el nombre de Jacobo II, soberano católico, pues, de un pueblo protestante, el mismo año en que Luis XIV revoca el Edicto de Nantes. Para los protestantes de Inglaterra, la partida parece perdida: Jacobo II seguirá, piensa, el mismo camino de Luis XIV, sin llegar tan lejos en el enfrentamiento con los hugonotes puesto que carece de los medios. Su único recurso es, pues, una intervención exterior, que solo puede proceder de Holanda. Así, el Parlamento ofrece la corona a Guillermo y a su mujer María, por fortuna hija de Jacobo II. La Gloriosa Revolución está en marcha. Jacobo II no tiene otra alternativa que huir, en cuanto Guillermo y María desembarcan, el 5 de noviembre de 1688, para ir a tomar posesión de la Corona.

Sorprendente revolución: es una invasión disfrazada de legítima ocupación del trono, pero es también la coronación de un autócrata maquillada de advenimiento de un régimen liberal. Locke nada tiene que ver, aunque sirve de caución intelectual a ese truco de prestidigitación. Publica sus *Ensayos sobre el gobierno civil* y cada cual quiere ver en ello la carta de misión del nuevo régimen: la monarquía contractual y el principio de tolerancia. La inmediata adopción del *Bill of Rights* da crédito a esta convicción: es, con la Carta Magna de 1215, la fuente del liberalismo británico. Pero tomado al pie de la letra no es más que la lista de las infracciones cometidas por Jacobo II cuya corrección se impone, y en especial la peor: promulgar leyes y suspender su aplicación sin el consentimiento del Parlamento. Este texto de circunstancias se convertirá en la carta política del reino. Así pues, un monarca de origen extranjero santifica los derechos parlamentarios. Del mismo modo, fue con ocasión de los conflictos en los que Inglaterra es parte activa bajo Guillermo cuando se creó, en 1694, el Banco de Inglaterra, pivote y pulmón de una economía mercantil, más de un siglo antes que Bonaparte, Primer Cónsul, lleve a las fuentes bautismales el Banco de Francia.

Queda la «segunda» coronación, políticamente más importante: el reconocimiento internacional de Guillermo III como rey de Inglaterra, especialmente por Francia, potencia dominante en la Europa continental y, a la vez, aliada tradicional de los Estuardo. Es cosa hecha en la paz de Ryswick, en 1697. Aunque esta revolución cierre decenios de batalla dinástica, es preciso, sin embargo, estabilizar el régimen. Con dos preguntas como clave: ¿quién es el dueño del orden de sucesión? ¿El rey o el Parlamento? ¿Puede alguien ser, duraderamente, soberano en Europa continental y rey de Inglaterra? El *Act of Settlement* de 1701 recoge las dos hipótesis. Es un acto parlamentario, de modo que, simbólicamente superior, el rey está políticamente subordinado al Parlamento. El texto prevé en el plano sucesorio, que la Corona no puede corresponder de facto a los Estuardo católicos refugiados en Francia, pero sobre todo que Inglaterra no debe desplegar sus tropas al servicio de un príncipe extranjero, aunque sea rey de Inglaterra. ¿Puede afirmarse, de modo más brutal, la insularidad del reino?

Están ya muy lejos los tiempos que veían cómo los reyes de Inglaterra se mostraban, aunque fuera ficticiamente, como reyes de Francia y soñaban con un condominio a uno y otro lado de la Mancha. No se trata de vincular orgánicamente el Reino y las Provincias Unidas. Aunque un azar dinástico coloque al soberano británico a la cabeza de otro Estado europeo, Inglaterra no puede servir de suplente de este. Debe ser solo ella misma. ¿Esperaba Guillermo este tratamiento cuando desembarcó en las costas británicas? Quería poner el reino al servicio de la política holandesa y, particularmente, de su esfuerzo de guerra contra Francia. Tenía que movilizar hombres y dinero: para el Parlamento fue un placer hacerle sentir su ascendiente concediéndole lo uno y lo otro solo con cuentagotas. Por lo que se refiere a la restricción sobre el reclutamiento de fuerzas, permitirá cuando llegue el momento ver cómo la Corona de Inglaterra recae en el elector de Hannover sin trastornar la escena europea.

Así, más allá de la solución del conflicto religioso, el vals de tres tiempos iniciado hacia 1640 y concluido bajo Guillermo III habrá permitido al ADN inglés expresarse plenamente. Cuando el rey holandés muere, la insularidad, la primacía del Parlamento, la afición por los negocios y la autonomía con respecto a los conflictos del continente se han convertido en la marca de fábrica del Reino Unido.

16

La Revolución francesa,
en las botas de Carlos VIII y de Richelieu

La Revolución Francesa es, en sus comienzos, tan pusilánime como conquistadora será más tarde. Vuelta hacia sí misma, prefiere ignorar un mundo exterior apacible aún, a pesar de la agitación de los emigrados. Ve así francesa a Alsacia, no gracias a los tratados de Westfalia, sino porque se adhiere a la «Federación» de las provincias francesas de 1790. Del mismo modo necesitó el conflicto con el papa, acerca de la Constitución civil del clero, para decretar la anexión de Aviñón que no cesaba de reclamar la población local. Aunque los principios de la Revolución son la negación de las monarquías que rodean Francia, la una y las otras comienzan a hacer el «pasmarote», se espían, desconfían pero no se enfrentan. La huida del rey a Varennes cristaliza el antagonismo. El pueblo espera una invasión a la que las monarquías europeas no se han decidido aún. Es un reflejo visceral de defensa más que una opción estratégica. Ninguna reflexión, ninguna búsqueda de aliados evidentemente imposible, ningún objetivo territorial, ninguna voluntad de poder en este estadio. La Revolución se dispone simplemente a defender sus posiciones y la presencia de los emigrados junto a los países enemigos no hace más que alimentar esta reacción.

Dos concepciones de la guerra empezaron a cohabitar rápidamente. Mesiánica la otra: «Pegar fuego» a Europa, de acuerdo con la frase de Brissot. Clásica la otra, encarnada por Danton y los girondinos: Establecer fronteras naturales y, por tanto, defendibles. Para el bando mesiánico, el conflicto no tiene fin preestablecido. El *mon-*

tagnard Chaumette lo expresa con crudeza: «El terreno que separa París de Petersburgo pronto será afrancesado, municipalizado, jacobinizado». Esta guerra no tiene término previsible. Para los girondinos inesperados herederos de Richelieu, el conflicto corresponde en cambio a un objetivo preciso y al deseo, alcanzado ya, de estabilizar la relación de fuerzas. Pero ambos bandos se reúnen para iniciar el enfrentamiento. El 20 de abril de 1792 es cosa hecha. La Asamblea legislativa vota, de modo casi unánime, la guerra al emperador de Austria. Poco al tanto de la cosa militar, sobreestima sus bazas. La voluntad belicosa del pueblo es inversamente proporcional a su potencia militar, situación paradójica comparada con las guerras del Antiguo Régimen. Interviniendo directamente en los asuntos franceses, el duque de Brunswick atiza la voluntad de combatir de los franceses conminándoles a no tocar a su rey. «La patria está en peligro» solo conoció un precedente bajo los Borbones: la barroca llamada de Luis XIV a su pueblo, cuando, con ocasión de la guerra de sucesión en España, el Hexágono era invadido por todas partes. Valmy se convertirá, por su parte, en el símbolo victorioso de esta «patria en peligro»: un ejército de voluntarios detiene en seco el avance de las mejores tropas europeas organizadas, por su parte, alrededor de una jerarquía aristocrática. Pero la victoria es tan violenta en el plano simbólico como dudosa con respecto al arte de la guerra: Dumouriez permite que los prusianos regresen en buen orden a sus cuarteles de invierno. Olvidado este paso en falso, los ejércitos de la Revolución avanzan: en Saboya, en Niza, en la orilla izquierda del Rin, y Bélgica es ocupada tras Jemmapes. Conquistas que habrían constituido otras tantas bazas en la negociación destinada a concluir una guerra «a la antigua».

Ninguno de los dos bandos razona ahora en estos términos. La ejecución de Luis XVI ha radicalizado las posiciones: Inglaterra, España, el papa, una multitud de príncipes alemanes e italianos se unen a la coalición. La Convención manifiesta por su lado su mesianismo, cuando se produce la anexión de Saboya, por un voto que quiere aportar «fraternidad y socorro a todos los pueblos que quieran gozar de la libertad». Aunque constituida a trancas y barrancas, la inmensa alianza de las monarquías recupera la ventaja: la orilla izquierda del Rin se pierde, Bélgica también y Dumouriez se une a Lafayette en casa del enemigo austriaco. El desastre continúa con una invasión por todos lados: por el norte, el este, por los Alpes y por los Pirineos. Por lo que se refiere a los insurrectos monárquicos, se apresuran a abrir el puerto de Toulon a los ingleses.

Contra este telón de fondo maniobra el Comité de Salvación Pública. Encontrará en sus éxitos militares la gloria que permite ocultar en parte, ante los ojos de la historia, los desmanes del Terror. Instrumento de centralización, el Comité levanta un nuevo ejército que absorbe los residuos de las antiguas tropas y que los «representantes en los ejércitos» de la Convención mantienen absolutamente dependiente del poder civil. «Victoria o muerte»: el eslogan refleja el estado de ánimo de un ejército popular, mandado por jefes jóvenes –los Hoche y Jourdan– que se han ganado los galones en los campos de batalla. Estos manifiestan rápidamente su talento. El ejército anglo-hanoveriano es derrotado en Hondschoote, lo cual libera Dunkerque; la victoria de Wattignies permite liberar Maubeuge de la presión austriaca; los sardos son expulsados de Saboya y los españoles rechazados más allá de los Pirineos. El territorio nacional es reconquistado a finales de 1793.

La defensa de la Francia histórica es tan lógica cuanto proseguir el conflicto más allá de las fronteras plantea, de nuevo, la alternativa guerra revolucionaria o guerra tradicional de poderío. Para Robespierre y los suyos, convertir la guerra en el instrumento de la cohesión nacional es un medio de perpetuar su poder. Dan, pues, la orden al ejército de Sambre-et-Meuse, mandado de Jourdan, de cruzar la frontera. La victoria sobre los austriacos en Fleurus les abre el camino hacia Bélgica. Pero el mito de la conquista revolucionaria no tiene la misma fuerza que la salvación de la patria. A Robespierre no le basta para mantenerse en el poder.

Fleurus hace posible, desde cierto punto de vista, el 9 de Thermidor. Al igual que los «thermidorianos» recuperarán el camino de la política clásica, cínica, cautelosa, interesada, así su acción exterior regresará, también, a los cánones de la tradición. Es, en cambio, tan ambiciosa como el comportamiento interior de los gobernantes es, por su parte, conservador. El 9 de Thermidor no bloquea el avance de los ejércitos. El de Sambre-et-Meuse marcha hacia el Rin y las tropas de Pichegru se apoderan de Holanda. He aquí que la Francia de la Revolución ocupa la orilla izquierda del Rin, extendiéndose hasta Ámsterdam y enfrentándose con un enemigo, Prusia, que se afirma dispuesto a un compromiso para concentrar sus propias fuerzas en el reparto de Polonia. Se abre, pues, un camino que Carnot defiende: limitarse al Mosa como frontera.

Pero este atemperado realismo no tiene mucho peso frente al mito de las «fronteras naturales» del que Sieyès se hace el chantre. El abate pretende ser el heredero del gran cardenal. Tiene incluso una concepción más extensa de la ocupación de la orilla izquierda del Rin que Luis XIV, puesto que va de Estrasburgo hasta la desembocadura del río. Eso supone convertir a Francia, revolucionaria en aquellos momentos, en la nación más fuerte del continente: el ADN de la geografía y el poderío es llevado a su paroxismo.

Del lado de la geografía, se hacen conquistas sin precedentes: el Rey Sol habría soñado en ellas. Del lado del poderío, la centralización revolucionaria y la dictadura del Comité de Salvación Pública han forjado una herramienta militar que no puede compararse con los regimientos del Antiguo Régimen: el ejército de reclutas ha nacido alimentado por la inmensa reserva demográfica del país más poblado de Europa. Los dos tratados de 1795 –uno con Prusia, que cede su parte de la orilla izquierda del Rin, el otro con España que devuelve la Cataluña francesa– permiten creer a los gobernantes que poseen definitivamente los nuevos territorios. Se añaden a ello, en esa atmósfera de conquista, la creación de la República bátava, transformando Holanda en un protectorado duramente explotado, y la anexión de Bélgica, dos gestos que solo pueden llevar a un enfrentamiento inexpiable con Inglaterra y duradero con Austria.

Pero como en toda política exterior, las consideraciones de orden interno son esenciales. La opción moderada –el Mosa como frontera– va a la par con la esperanza de una paz permanente de la que muchos temen que va a permitir un fuerte regreso de los monárquicos. La opción ambiciosa –al menos la orilla izquierda del Rin– satisface, por su parte, a la opinión pública más republicana que guarda en su corazón el recuerdo de la «guerra revolucionaria». Algunos, como Talleyrand, se engañan sobre el ADN inglés, imaginando que, debilitado en este periodo, el gobierno de Londres le pondrá buena cara al mal tiempo y aceptará la situación, como se ha resignado a hacerlo Prusia. Esta concepción supone, además, intentar mantenerse en el statu quo.

Desde este punto de vista, ¿qué habría ocurrido sin la aventura italiana de Bonaparte?. Tal vez se habría producido un compromiso, con

Austria al menos. Eso supone prescindir de dos consideraciones: una que ve en la perpetuación del conflicto un medio para tener ocupados a los soldados y, sobre todo, a sus generales e impedir que uno de ellos se decidiera a hacer reinar el orden en París; otra que considera esencial para las finanzas del Directorio proseguir en otra parte la misma política de rapiña que en Holanda.

La campaña de Italia pone las cartas sobre la mesa. Guillermo Ferrero puede, así, escribir: «Italia era la trampilla maravillosa que el destino había ofrecido a la Revolución. Mientras Francia combatió en y por sus límites naturales, fue la más fuerte. La "inmortal campaña" y Campo-Formio la obligan a salir de estos límites y, una vez fuera, no puede ya regresar a ellos; se compromete en una aventura sin límites y sin salida».

Si se recuerda demasiado a Richelieu, se acaba olvidando a Carlos VIII y el sueño italiano de los Valois. Aunque las circunstancias llevaron a Francia, en los siglos XVII y XVIII, a trazar una cruz sobre Italia, esta permanece presente en la imaginación francesa. Es el resultado del atractivo que sigue ejerciendo este *soft power* sobre el país más cercano y contiguo. Aunque el Directorio no intenta, conscientemente, vengar Pavía al enviar a Bonaparte a Italia, el sueño resurge, incluso sin reconocerlo, ya a los primeros éxitos. La fascinación italiana recupera todos sus derechos. Si ocupar Bélgica tiene un significado estratégico más esencial, triunfar en Italia tiene un brillo excepcional. Pero nada está decidido al comienzo. Puesto que Austria no quiere seguir a Prusia y reconocer las conquistas francesas, la guerra debe librarse, según Carnot, en un terreno principal –Alemania– y uno anexo –Italia. Mientras que la ofensiva en el Rin fracasa, la campaña de Italia se revela, en cambio, triunfal a expensas de los piamonteses y los austriacos. El ejército francés conquista el Milanesado, ocupa la República veneciana hasta alcanzar Austria. Bonaparte no lleva aún consigo la desmesura de Napoleón. En vez de lanzarse sobre Viena, indiferente a las instrucciones de París, firma el 17 de octubre de 1797 el tratado de Campo-Formio. Extraño compromiso entre el universalismo republicano –la creación de repúblicas hermanas, cisalpina y ligúrica– y la *Realpolitik* que le hace ceder a Austria Venecia y el Véneto.

Por aquel entonces, solo queda ya en liza como enemiga Inglaterra. Lo que crea el deseo inextinguible de venganza –puesto que el mar no pertenece ya, desde Colbert, al inconsciente colectivo– son menos las derrotas coloniales sufridas por la República, frente a los ingleses, que el deseo de destruir al director de orquesta clandestino y, especialmente, financiero de las coaliciones antirrevolucionarias. De ahí la preparación de una invasión que se confía a Bonaparte pero que este considera irrealizable: «Por muchos esfuerzos que hagamos, no adquiriremos en muchos años la superioridad en los mares. Llevar a cabo un desembarco en Inglaterra sin ser dueños de los mares es la operación más osada y más difícil que se haya hecho». Sugiere pues, más bien, atacar Inglaterra en las líneas de comunicación imperiales, en Egipto por tanto, a riesgo de alienarse el Imperio otomano. Es el primer acto diplomático desconsiderado de Bonaparte: arrastrar Francia a un terreno que no es el suyo, olvidando el gen de la geografía en beneficio del de la potencia. El doble desastre de Abukir y la ocupación de Egipto marcarán el final de esta empresa, al margen de la estela tradicional de Francia.

La geografía, sin embargo, no había perdido sus derechos, puesto que la República había superado los límites previstos en Campo-Formio al ocupar Suiza y adentrarse en Italia hasta tomar el control de los Estados pontificios y, luego, de una parte del reino de Nápoles, Los deseos de Carlos VIII estaban más que colmados. El Directorio había perdido la mesura que sus predecesores, los Valois y los Borbones, habían conservado. El resultado, desde entonces, estaba escrito de antemano, en nombre del viejo principio de una nación continental demasiado poderosa coligada contra todas las demás, bajo los auspicios de Inglaterra.

En 1799 se forma de nuevo, pues, una coalición de todos los tronos contra Francia. Rusia se une al Imperio otomano; Inglaterra apoya al reino de Nápoles; Londres y San Petersburgo se aproximan. Quedan Austria y Prusia, en paz con Francia en principio. Una y otra se alejan, paso a paso, de sus rúbricas, lo que hace inevitable la guerra. El retroceso es general: en Italia ante la presión rusa; en Holanda bajo el fuego anglo-ruso; en Alemania ante el avance prusiano. Solo la victoria de Masséna en 1799, en Zúrich, salva la frontera oriental. El territorio francés no está amenazado, pero el desastre diplomático es total y el Directorio queda desacreditado.

¿Quieren los coligados, a fin de cuentas, castigar a la Revolución? Para algunos, es evidente; para otros, no. La arrogancia francesa influyó más que el recuerdo del Terror en el nacimiento de esta heteróclita alianza. Los dirigentes franceses hicieron caso omiso, muy pronto, a las veleidades de la guerra revolucionaria pero, en cambio, habían practicado una política de poder insoportable al modo de ver de los demás estados, sin por ello poder aspirar al talento militar ni al genio político necesarios para semejantes empresas.

Dotado de lo uno y de lo otro, Bonaparte restablecerá la situación anterior antes de verse, a su vez, arrastrado hasta más allá de sus medios. Pero, al igual que la revolución bolchevique renunciará más tarde a cualquier política exterior revolucionaria en beneficio de las ambiciones históricas de la vieja Rusia, la Revolución francesa siguió rápidamente una dinámica de potencia, aunque estuviera disfrazada de una verborrea universalista. Tocqueville había seguido la pista de las continuidades políticas e institucionales entre el Antiguo Régimen y la Revolución; habría podido entregarse al mismo ejercicio con respecto a la política exterior. El ADN de los grandes países resiste los espasmos históricos, tanto en Francia como en cualquier otra parte.

17

Una vana tentativa «nacional-liberal»

La Alemania de 1848 se parece a la de 1815. Los inventores de la Santa Alianza, en este terreno, tuvieron pleno éxito: nada se ha movido. Una capa de plomo caído sobre el mundo germánico. La población ha aumentado de 24 a 34 millones de habitantes –de 33 a 45 si se incluyen los territorios austriacos de la Confederación–, lo cual atestigua un desarrollo demográfico que desempeñará, cuando llegue el momento, un papel clave en el ascenso del nacionalismo alemán. Pero la economía ha permanecido inmóvil, rural pues: así, en Prusia, el 73,5% de los habitantes eran considerados campesinos en 1816 y el 72% en 1846. Ni la mutación de la sociedad ni el florecimiento de las clases industriales explican el levantamiento de 1848. Ninguna vanguardia, en el sentido marxista del término, desempeña en ello el menor papel. Son los miembros de la élite, que se han vuelto liberales ante las embestidas de Napoleón, las que, tras haber sobrevivido apaciblemente durante los años conservadores, van a convertirse en los motores de la historia.

Extraña revolución que encarna la herencia de la vieja Alemania que anticipa la de mañana. Sorprendente levantamiento que, cuando comienza, combate el conservadurismo y termina en una apología de la fuerza. Raro proceso que, en su origen, se lo debe todo a la fuerza de las ideas y se libra brutalmente de ellas cuando cae el telón final. Extraordinario movimiento que comienza el 13 de marzo, en Viena, y el 18 de marzo en Berlín con una revuelta de los parados y los no cualificados, y abre el camino a los intelectuales y los literatos. Estos encarnan una especie efímera en Alemania, los «nacional-liberales». Como sus congéneres franceses de la revolución de 1848, aspiran a un régimen democrático, pero añaden a ello un deseo visceral de unidad nacional. La paradoja estriba en la comunión de espíritu de los insurrectos aunque se dirijan a regímenes distintos en Berlín, Viena, Múnich. De ahí el doble movimiento que desemboca en la elección de una Asamblea nacional en cada uno de los países y en una Asamblea nacional alemana. Puesto que es imposible ser diputado, a la vez, en Berlín o Viena y en Frankfurt, el personal político se amplía a recién llegados sin experiencia. Pero, más allá de estas dificultades, la revolución lleva en sí los gérmenes de su destrucción, pues es distinta en cada uno de los escenarios.

En Viena, un régimen débil se derrumba. La fuerte personalidad de Metternich ocultaba la mediocridad del sistema. De modo que se instala el vacío.

En Berlín, la partida es más compleja. Hostil a su propio ejército y a las tradiciones militares de su dinastía, el rey retira sus tropas ante los insurrectos, les abandona la plaza, pasea en la ciudad con los colores de la revolución en el sombrero, y pronuncia una frase cuyo significado sin duda se le escapa: «Prusia se fusiona con Alemania». El camino parece libre, entonces, para que las clases medias liberales pongan en marcha su proyecto de una Alemania que llega, por la vía democrática, a la unidad. Era un simulacro. El ejército prusiano no está vencido: ha evacuado Berlín sin librar batalla y siente, por ello, más rabia y amargura aún. Por lo que se refiere a Federico-Guillermo IV, carga el liberalismo que ha mostrado, ante Bismarck, en la cuenta de la falta de sueño. Pero aun en su angustia, el reflejo nacional sobrevive: propone que todos los Estados alemanes envíen representantes al Parlamento prusiano que se convertiría, de facto, en la Asamblea de la Alemania unida. La maniobra fracasa, pero es muy elocuente sobre el prurito nacionalista del rey.

Este mismo sentimiento anima a los liberales de la Asamblea de Frankfurt, puesto que ofrecen, el 28 de marzo de 1849, la dignidad imperial hereditaria al rey de Prusia. Si el liberalismo perteneciera al ADN alemán, como sucede en el Reino Unido, el pueblo-nación habría encontrado su Estado veintidós años antes de la coronación de Versalles. Pero su segundo gen no es liberal, es el Estado racional, incluso en su dimensión militar. ¡Qué atractivos ofrecía, no obstante, la Asamblea de Frankfurt! Encarnaba los valores más ilustrados de

Alemania, mezclando el romanticismo con la libertad, transformando la aspiración revolucionaria en deseo de estabilidad, conjugando un legítimo nacionalismo y un liberalismo tranquilizador.

Nacida de las clases ilustradas, la Dieta no es representativa de la relación de fuerzas. El poder ejecutivo que emplaza es fantasmal. Nadie reconoce al ministro de Asuntos Exteriores; el ministro de la Guerra no tiene soldados a sus órdenes; el ministro del Interior no tiene medios para hacer que se apliquen sus decisiones. Los únicos recursos financieros de ese Estado ficticio salen de una simple colecta destinada a financiar la construcción de una flota. Parlamentarios civilizados, un gobierno ficticio, el deseo de convencer, la voluntad de llevar a cabo la unión por el consenso: otras tantas manipulaciones de un irenismo poco acorde a la realidad alemana. Aunque los príncipes parecían dispuestos a doblar el espinazo por necesidad, de hecho solo tenían un deseo: recuperar las riendas en cuanto fuera posible.

Si la Dieta de Frankfurt se hubiera abierto a las reivindicaciones sociales y hubiera pedido socorro a las masas, aun a riesgo de comprometer su liberalismo, tal vez habría podido sobrevivir, pero la configuración hubiera sido distinta: más «convención» que «asamblea constituyente», para atenernos al precedente francés.

El sueño nacional-liberal solo puede deshacerse por todas partes. Del lado del nacionalismo, la aspiración de los checos a recuperar Bohemia derriba el sueño de una gran Alemania unida, salvo si usa la coerción para hacerles pasar por el aro. Pero la única fuerza disponible para lograrlo es el ejército austriaco, a cuya derrota debe su existencia la Dieta: irresoluble contradicción.

Una vez vencido el irredentismo checo por los soldados de los Habsburgo, la contrarrevolución está naturalmente en marcha. Los parlamentarios, a su vez, contribuyen a ello, reclamando que el gran ducado de Varsovia siga siendo alemán, a costa de una intervención del ejército prusiano. Eso supone conferir una nueva legitimidad al militarismo de Berlín, puesto que los liberales de Frankfurt lo avalan. Estos reiteran el mismo gesto con respecto a la germanización de Schleswig-Holstein. Ingenuos, imaginan que la herramienta militar de los Habsburgo y los Hohenzollern es ahora suya. Siguen creyéndolo cuando los monarcas austriaco y prusiano recuperan, gracias a estas mismas tropas, el control de sus capitales.

Incapaces de suscitar un poder a su imagen, en Berlín y en Viena, los constituyentes de Frankfurt están en un callejón sin salida: ¿qué vale su liberalismo ante gobiernos que vuelven a ser reaccionarios? Ya en noviembre de 1848, los liberales alemanes tienen la sensación de estar frente a una Austria despótica de nuevo. En Prusia, en cambio, el proceso reaccionario es más tortuoso: aunque los militares vuelven a tener las riendas, no buscan la ruptura con Frankfurt. Paradójicamente es, entre ambos parlamentos, alemán uno, prusiano el otro, que se exacerban las tensiones. Habiendo estado, en Viena, al lado de los vencidos, los hombres de Frankfurt quieren unirse, en Berlín, al bando de los vencedores. Actúan así en favor del rey y del ejército, esperando que estos les agradezcan su apoyo.

A fines de 1848, las dos monarquías han recuperado la plenitud de sus poderes. ¿Qué lugar le queda, entonces, al nacional-liberalismo? Ahora ha muerto ya el sueño de una gran Alemania, incluyendo Austria, nacida de una andadura democrática. Queda la hipótesis de una pequeña Alemania alrededor de una Prusia cuyo rey será ascendido a emperador. Pero sería necesario que este aceptara una Constitución liberal y el reinado del sufragio universal. A Federico-Guillermo IV, evidentemente, le tienta la corona que se le ofrece, pero sus ministros, su tecnocracia, sus militares, le impulsan a exigir que la proposición se la haga no una asamblea democrática, sino los príncipes alemanes. Puesto que estos no están dispuestos a renunciar espontáneamente a su soberanía, la unidad alemana se retrasa sine die. Desautorizada, la Dieta de Frankfurt desaparece. La oligarquía prusiana prefiere, pues, diferir la unidad antes que elegir la vía democrática. Solo le queda para conseguirlo, «el hierro y la sangre». El hombre que expresa más claramente esta visión se llama Otto von Bismarck...

La frustrada revolución de 1848 en Alemania es más importante que muchas revoluciones aparentemente triunfantes. Entona el responso del nacional-liberalismo. Solo las guerras introducirán de nuevo en Alemania el juego democrático: en 1918, en un contexto no estabilizado y, por tanto, a costa de una insuperable fragilidad; en 1949, gracias a la desaparición del problema de las minorías, en un marco sólido. Después de 1989 prevalece otra configuración gracias a una sorprendente coincidencia entre el Estado del pueblo-nación y la versión más civilizada del Estado racional; es decir, la concepción «habermassiana» del patriotismo constitucional.

Esta revolución abortada atestigua, en cambio, la existencia del pueblo-nación y del deseo, que brota de lo más profundo de este, de la unidad. La Dieta de Frankfurt solo existe por y para este proyecto: se expresa en nombre del pueblo-nación, mucho más que lo harán los bolcheviques en nombre de la clase obrera. De Fichte a Frankfurt, la andadura es fascinante: atestigua –cosa rara– el arraigo de la idea nacional, por la acción de los intelectuales, en el corazón de la población. Pero demuestra, *a contrario*, que si el nacionalismo es un asunto de todos, el liberalismo es solo cosa de una porción limitada e ilustrada. Finalmente, esos acontecimientos abortados obligan a pensar que si la unidad es el objetivo colectivo del pueblo-nación, no existe más camino que la fuerza para lograrlo. El resto es solo cosa de circunstancias y de genio estratégico. No va a ser la única vez que la fuerza parezca en Alemania la salida natural tras un fracaso de la vía democrática: el encadenamiento Republica de Weimar/III Reich reiterará de un modo infinitamente más dramático, la sucesión revolución abortada de 1848/bismarckismo.

Los parlamentarios de Frankfurt, a fin de cuentas, no habían comprendido que el ADN alemán estaba constituido por pueblo-nación y Estado racional. Ingenuamente habían creído en una configuración pueblo-nación y parlamentarismo liberal. Eso suponía ignorar que la vía liberal no cae por su propio peso y que solo se aclimata en cierto contexto histórico.

18

Del bolchevismo a la *Realpolitik*

Los revolucionarios de 1917 nunca habían imaginado que se les impondrían los constreñimientos de la *Realpolitik* y que iban a transformarse en dignos herederos de la diplomacia zarista. Del mismo modo, no podían prever que su complejo de encierro, frente a un mundo hostil al bolchevismo, solo sería una versión modernizada del síndrome de aislamiento de Rusia.

Una vez tomado el poder, Lenin y sus camaradas se encontraron a la cabeza de un país en guerra frente a una Alemania que acababa de derrotarlo seriamente. Sin haber reflexionado nunca en los intríngulis de una diplomacia, por muy revolucionaria que fuese, imaginaban que estaban inventando una nueva forma de militantismo.

Así, su primer acto de política exterior fue un «decreto sobre la paz», que adoptó las apariencias de una llamada a los gobiernos y a los pueblos en favor de una «paz democrática». Formidable ingenuidad que ignoraba la suerte de los ejércitos, los deseos de anexión y la tensión de las opiniones públicas. Con un adversario tan coriáceo como Alemania, los dirigentes comunistas toparon de inmediato con el muro de la realidad. El alto mando de la Reichswehr aceptó negociar los términos de un tratado de paz en Brest-Litovsk y congelar las posiciones sobre el terreno durante las discusiones. Sin duda, no esperaba ver cómo Trotski intentaba compensar una desfalleciente situación militar con una amenaza de revolución mundial, como si Moscú pudiera, con un solo silbido, abrir un segundo frente interior en la retaguardia del ejército alemán. No era el tipo de discurso que podía comprender un general victorioso, prusiano a fortiori. El jefe del estado mayor del frente oriental respondió a esa extraña entrada en materia con la reanudación de las hostilidades. Una vez demostrado de nuevo su ascendiente, fijó condiciones draconianas: la anexión de la región báltica, una parte de Bielorrusia, un protectorado sobre una Ucrania independiente y una masiva indemnización de guerra.

Fue un golpe brutal para los dirigentes de Moscú que, acostumbrados a la acción revolucionaria, ignoraban las relaciones de fuerza internacionales. Se abrió en enero de 1918 una primera discusión sobre política exterior con, por un lado, Lenin y Stalin adeptos al realismo y, por tanto, a un cuerdo que hubiera podido aceptar la Rusia zarista y, por otro, Bujarin, que abogaba por la guerra revolucionaria; es decir, por proseguir el conflicto. Lenin respondió que semejante opción desembocaría en una aplastante derrota y en condiciones de paz más severas aún, sin contar con el riesgo de ver como el desastre arrastraba al gobierno socialista si la revolución no se propagaba, entretanto, en Alemania. Por lo que se refiere al negociador sobre el terreno, Trotski, intentó una extraña maniobra diciendo a los alemanes que no deseaba la paz ni la guerra, e imaginando que estos aceptarían el statu quo. Eso suponía no haber comprendido la lógica de un ejército victorioso. Los alemanes reanudaron sus operaciones y Trotski dio marcha atrás de inmediato, lo que equivalía al reconocimiento forzoso de la Alemania imperial por el gobierno bolchevique.

El mito de la «coexistencia pacífica» con el enemigo capitalista había nacido. Lenin declaró así: «Concluyendo una paz por separado, nos liberamos en la medida de lo posible, por el momento, de los dos bloques imperialistas en guerra; utilizando su mutua enemistad, usamos la guerra que les hace difícil negociar, entre ambos, contra nosotros». La idea de una alianza contra la URSS de los beligerantes capitalistas aparece a contraluz tras la maniobra destinada, precisamente, a conjurar este riesgo: el temor a quedar cercado es omnipresente. De ahí la opción explícita por el empirismo.

Ministro de Asuntos Exteriores, Chicherin declara en 1920: «Pueden existir diferencias de opinión en lo que se refiere a la longevidad del sistema capitalista pero, no obstante, existe, de modo que debemos encontrar un modus vivendi...». Es el regreso a una diplomacia clásica. La salvaguarda de la patria del socialismo se confunde con el interés nacional ruso. El ataque que llevó a cabo Polonia, en abril de 1920, contra la URSS fue su confirmación y la Unión Soviética se convirtió desde entonces en una potencia militar normal. Así, el Ejército Rojo rechazó los ataques polacos y se acercó a Varsovia. Los aliados occidentales intervinieron e impusieron la detención de los combates y la paz.

La URSS se prestó a ello de buen grado. Mejor dispuesta que Polonia, aceptó la línea de demarcación propuesta por el secretario del Foreign Office, lord Curzon. Pero los polacos se negaron, de modo que la línea de armisticio reprodujo la posición sobre el terreno de las fuerzas que actuaban. Liberado del frente polaco, el Ejército Rojo recuperó el control de Ucrania, y puso fin a la independencia que la Unión Soviética le había reconocido en Brest-Litovsk. Lo que valía con respecto a la Alemania imperial triunfante no se aplicaba ya a la Alemania derrotada. Del mismo modo, Georgia, que se había aprovechado del desorden revolucionario para emanciparse, tuvo que pasar bajo las horcas caudinas de las tropas soviéticas.

Así, la Unión Soviética se convertía, poco a poco, en la heredera de la Rusia zarista, tan apegada como ella a sus territorios y al glacis que la protegía de sus potenciales enemigos. Con el tiempo, el precio pagado en Brest-Litovsk –Finlandia, la región báltica, Bielorrusia, Besarabia...– le pareció exorbitante. Aceptado bajo el poder del ejército alemán, plasmaba sin embargo una indiferencia relativa del poder bolchevique, naciente por aquel entonces, ante el dominio territorial clásico. ¿Había peleado con uñas y dientes Trotski para limitar las concesiones, como habría hecho el representante del zar? Nada es menos seguro. Cinco años más tarde, Moscú no se comportaba ya como una potencia revolucionaria obsesionada por la lucha de clases, sino como un Estado deseoso de dominar territorios y cuasi-colonias. El recuerdo de las concesiones de 1918 influirá en la elección, en 1939, del pacto germano-soviético prefiriéndolo a la alianza franco-inglesa. Alemania ofrecerá entonces a la Unión Soviética algunas compensaciones, incluidas en el protocolo secreto, que las democracias no habrían podido validar en nombre de sus valores.

Aunque la *Realpolitik* recuperaba sus derechos, la Unión Soviética no abdicó por ello de su especificidad revolucionaria y la plasmó en una diplomacia atípica. La cruzada revolucionaria, de hecho, nunca fue repudiada, sino solo adormecida en función de las circunstancias. En cualquier momento podía servir de retórica o de amenaza, gracias a la manipulación de los partidos comunistas occidentales.

Por lo que se refiere a la coexistencia pacífica, es un concepto comodín que se perpetuará hasta la desaparición de la Unión Soviética. Permite dar la ilusión de que la patria del socialismo no es una potencia como las demás. Solo se interesa por la paz, el desarme, la concordia, la cooperación entre los pueblos, la amistad entre las sociedades... Zarandajas tanto más risibles cuanto que la práctica soviética era su absoluto contrario. Esta postura no apuntaba al dirigente, sino a las opiniones públicas occidentales. De 1920 a la «paloma de la paz», de esta a la batalla contra la instalación de los Pershing en la República Federal, el discurso siempre fue el mismo y encontró oyentes convencidos, generación tras generación, en pleno corazón de las democracias occidentales. Era un cómodo velo a cuyo abrigo podía desarrollarse la más cínica acción diplomática.

Para cualquier Estado, el regreso a la mesa de las potencias es una necesidad. La Unión Soviética no cesó de intentar salir del aislamiento en el que le mantenía Occidente. Signataria de una paz separada con Alemania, tenía tanto menos lugar en las negociaciones de Versalles cuanto que, concluidas estas, se preocupó por entrar de nuevo en el juego. Temía, como habría hecho la Rusia zarista, que su ausencia facilitase una coalición de todos los demás contra ella. Potencia revolucionaria, imaginaba la constitución de una nueva Santa Alianza que le fuese hostil. Heredera de Rusia, era víctima del tradicional complejo de persecución.

¿Cuál era, tras Brest-Litovsk y Versalles, el medio más fácil de regresar al juego? Acercarse al enemigo de ayer, Alemania; aliarse con los «intocables», introducir la duda en el bando de las democracias, romper un frente que se estaba reconstituyendo. Lenin lo proclama ya en 1920: «El gobierno burgués alemán odia ferozmente a los bolcheviques, pero los intereses de la situación internacional lo empujan hacia la paz con la Rusia soviética contra su voluntad». ¿Contra su voluntad? Bobadas, claro. La Unión Soviética y la Alemania de Weimar no hacían más que seguir la estela de Catalina II y Federico II. Rapallo supone el regreso público de Moscú a la *Realpolitik*: ¡cuánta complicidad entre un gobierno soviético que no se siente el contable de las deudas de los zares y una delegación alemana que, por su parte, quiere saltarse el pago de las reparaciones! Tener el mismo acreedor al que se niegan a pagar crea una auténtica solidaridad entre parias. Tras el estallido de Rapallo, Moscú no vacila en ir más lejos y en firmar acuerdos secretos de cooperación militar. Ver como la Unión Soviética ayuda a Alemania a evitar el tratado de Versalles revela, por su parte, tanto más cinismo cuanto que su nuevo socio es el heredero del Reich alemán que la había humillado en Brest-Litovsk. En este tipo de juegos y de cambios de camisa, Moscú no aseguraba, claro está, la revolución internacional proletaria sino, por el contrario, los intereses históricos de Rusia. Estos justificaban un acuerdo con cualquiera, incluso con el propio diablo. Ciertamente, los dirigentes bolcheviques se guardan mucho de asumir su filiación con la Rusia zarista; se protegen detrás de su logorrea militante para no ser atrapados en flagrante delito de doblez. Será necesario el golpe de la invasión alemana, el 22 de junio de 1941, para que Stalin reivindique la herencia de la Rusia eterna, cuando la asumía ya desde hacía más de veinte años.

¿Cómo explicar una tan rápida alineación con los intereses clásicos de Rusia por parte de un poder que con tanta violencia trastornaba el orden social en el país? Los bolcheviques no eran, inmediatamente después de 1917, unos hipócritas. Creían estar construyendo una sociedad nueva y consideraban que debían protegerla. Encontrar un equilibrio con Occidente era una obligación empírica, no una opción política. Pero una vez regresados al juego tradicional, los dirigentes de Moscú se sintieron naturalmente portadores de los intereses históricos de Rusia. ¿Por qué, si no, tomar de nuevo el control de Ucrania y de Georgia? Una pura lógica de lucha de clases habría podido hacerles indiferentes a la independencia de estos dos territorios. Tal vez la faceta «granero» de Ucrania habría bastado para justificar la anexión, tanto temían los bolcheviques ver cómo los contrarrevolucionarios hambreaban el país. Pero este argumento, naturalmente, no valía para Georgia. El control solo se justificaba por una estrategia de presencia en el mar Negro y de puente tendido hacia el Asia Menor; es decir, por el regreso a objetivos de un absoluto clasicismo.

La paradoja está, en cambio, en la actitud de Occidente y en su dificultad para ver a la URSS como heredera de la Rusia eterna. La logomaquia revolucionaria, el temor a los partidos comunistas locales, las extrañezas del poder moscovita: otras tantas explicaciones de la ceguera de las potencias europeas tradicionales. Su plantilla de lectura fue duraderamente errónea y les llevó a jugar mal su carta con la

URSS. Stresemann, por su parte, no tiene este pudor: aplicó la vieja regla diplomática que impulsa a los vencidos, tras un conflicto, a apoyarse el uno al otro, para mejor resistir a los vencedores.

La subida de Stalin al poder no pudo sino acentuar esta evolución hacia una razón de Estado a la antigua. Su reacción ante el pacto Briand-Kellogg, en 1928, lo atestigua: «Hablan de pacifismo. Hablan de paz entre los Estados europeos... Todo esto es absurdo. La historia de Europa nos ha enseñado que cada vez que se han firmado tratados que apuntaban a una nueva distribución de fuerzas para nuevas guerras, esos tratados fueron calificados de tratados de paz, aunque fueran firmados con el fin de definir los nuevos datos de la próxima guerra». Catalina II habría podido expresar, con palabras distintas, la misma idea. El general De Gaulle describió admirablemente este fenómeno: «Rusia bebe el comunismo como el secante la tinta». La Unión Soviética no solo fue de inmediato portadora del viejo ADN ruso y, por tanto, del complejo de sitio propio de Rusia, sino que lo reforzó incluso, puesto que el temor a la alianza capitalista contra la patria del socialismo agravó el sentimiento de inseguridad. Stalin lo proclamó en voz alta y fuerte, diciendo en 1927: «Muchas cosas dependen de nuestra capacidad para retrasar la ineluctable guerra contra el mundo capitalista hasta el momento en que los capitalistas comiencen a batirse entre sí». Basta con sustituir la palabra *capitalistas* por «el resto del mundo» y el síndrome de sitio ruso queda definido con absoluta pureza. Así, incluso la ideología teóricamente más antinacional, la más hostil a las viejas reglas del juego, la menos respetuosa del mundo de ayer, desapareció ante la fuerza del gen y se sometió a ella.

19

De una descolonización a otra

Antigua colonia emancipada, Estados Unidos siempre detestó los imperios, aunque los gestionaran sus mejores aliados. Roosevelt no dejó de proclamarlo durante la guerra y las tensiones en sus relaciones con Churchill nacieron de este desacuerdo. La estrategia del segundo frente, la guerra en Asia del sudeste, el uso de los activos británicos como medios de pago son otros tantos obstáculos que plasmaban una divergencia de fondo. Para el primer ministro, solo la salvaguarda del Imperio avalaba la perennidad del Reino Unido como potencia mundial. Para el presidente norteamericano, las posesiones imperiales eran una escoria de la historia que, en nombre del mesianismo, él tenía que hacer desaparecer. Teniendo en cuenta el peso de Estados Unidos en el mundo de la posguerra, la suerte estaba echada. Ni los ingleses ni los franceses tenían la menor esperanza de salvaguardar su imperio puesto que su aliado tutelar se oponía a ello.

Londres fue más consciente de esta realidad que París. Sin duda, su mayor familiaridad con las segundas intenciones norteamericanas explica esta mayor lucidez. Ya en 1947, el *Colonial Office* había establecido planes para una lenta y progresiva transferencia del poder en el seno de las colonias, empezando por la elección de consejos locales, luego de parlamentos nacionales que se encargaron de los asuntos interiores. Al finalizar el proceso, las colonias habrían estado listas para la independencia en el seno de la Commonwealth. Todos los genes británicos estaban en este enfoque: el culto al parlamentarismo urbi et orbi, la voluntad de mantener los vínculos comerciales, la Commonwealth como instrumento de poder. El Parlamento, el comercio, la influencia: ¡eterna Gran Bretaña!

La historia trastornó ciertamente la armonía del plan. Pero el rechazo profundamente arraigado en el colonialismo británico de la estabilidad a toda costa condujo a Londres a aceptar los sobresaltos de la descolonización más que oponerse violentamente a ellos. Así sucedió en Ghana, donde el colonizador respondió a los amotinamientos, desde 1949, no con la represión, sino acelerando el proceso de autonomía en torno a la persona de Nkrumah. Londres prefigura ahí una andadura que, en cada colonia, intentará apoyarse en un líder carismático y en las élites locales.

Evidentemente, fue en la India donde se jugó la verdadera partida. Para Attlee, el objetivo es claro. Da límpidas instrucciones al lord Mountbatten, en febrero de 1947, que pretenden establecer entre la India independiente y el Reino Unido «las más estrechas y amistosas relaciones», acompañadas, si es posible, por un tratado militar. Esta gigantesca operación descolonizadora hubiera sido ejemplar sin las matanzas que acompañaron la división entre la India y el Pakistán. ¿Es la prisa británica por resolver el asunto indio responsable de ello? ¿Practicó el virrey un escandaloso *benign neglect*, una «indiferencia ligera»? Pregunta sin respuesta, pero en cínicos términos de *Realpolitik* el objetivo fijado por Londres se alcanzó. Este se había visto facilitado por la ausencia de colonias de población, puesto que en la India solo había unas decenas de miles de británicos. Era el efecto del tipo inglés de colonización: poca población trasplantada, escaso número de funcionarios civiles dominando una administración autóctona, un relevo asegurado por élites locales cuyos sujetos más brillantes habían sido educados en Oxford o en Cambridge. Otros tantos rasgos que facilitan el arriado de la bandera. Ni *pieds-noirs* en masa, ni administración omnipresente a la francesa para complicar el proceso.

Londres había instaurado en sus colonias un sistema democrático calcado del suyo, cuyas llaves ofreció a las oligarquías locales, formadas por su mano en las mejores universidades del reino. Finalmente, la Commonwealth no era en los años cincuenta una «hoja de parra» destinada a preservar el orgullo inglés. Quería ser, según las propias palabras de la reina, «un grupo de iguales, una familia de espíritu común que, a pesar de las diferencias de religión, de sistemas políticos, de circunstancias y de razas, estaban deseosos de trabajar juntos por la paz, la libertad y la prosperidad del género humano». Con la Corona como piedra angular, la Commonwealth era una formidable herramienta al servicio de la influencia británica: no se trataba, como hoy, de un simple símbolo, sino de un auténtico repetidor.

Aunque los británicos pusieran buena cara al mal tiempo, durante muchos años esperaron que el abandono de la India sería una excepción, y no una anticipación, justificándose la independencia por el tamaño y la población de aquel virreinato insólito. La expedición de Suez atestigua el deseo británico de no soltar nada. Pero cuando las fichas de dominó fueron cayendo una a una, Londres aplicó siempre, aun a regañadientes, la misma hoja de ruta con, como resultado, el mantenimiento, incluso caótico, de instituciones parlamentarias, el apoyo proporcionado a una élite local anglófila, la perpetuación de los vínculos comerciales y la pertenencia a la Commonwealth, con el surrealista papel de la reina como soberana de Estados en los antípodas de la cultura europea. La descolonización británica se vio, pues, caricaturescamente marcada con el sello de los genes del Reino Unido.

Nuestra descolonización fue, por su parte, de lo más «francesa». Todas las colonias habían pasado bajo las horcas caudinas del centralismo parisino. En primer lugar Argelia, reunión de simples departamentos, pero también todos los demás territorios sometidos a la autoridad de un gobernador, versión colonial del prefecto, y de servicios administrativos, simple calco de las estructuras estatales de la metrópoli. El Chad o Vietnam se parecían, en el plano organizativo, a Gers y a Ain, con administraciones réplica de las de París, altos funcionarios encantados de retozar bajo los cocoteros, servicios organizados de acuerdo con los principios de la tecnocracia nacional, divisiones geográficas establecidas de acuerdo con el modelo de creación de los departamentos bajo la Revolución y una población expatriada hecha de funcionarios y gestores de los monopolios locales.

Inmensa diferencia con la colonización británica: Francia exportó su régimen administrativo, pero no su sistema político. Se guardó mucho de reproducir en aquellos territorios sus instituciones democráticas. De los dos genes franceses, la geografía y el poderío, el colonialismo fue marcado con el sello del segundo. El Imperio es la perpetuación del Estado en otras latitudes para acrecentar así el peso internacional de París. No por casualidad, en el espíritu de Jules

Ferry, ese gran colonizador, las conquistas de ultramar son una compensación por la pérdida de Alsacia-Lorena y un medio de estimular el orgullo nacional.

La ambición económica es, entonces, secundaria, a diferencia del Reino Unido, para quien la preferencia imperial estableció un inmenso mercado en manos de Londres. La colonización francesa alimenta, es cierto, prebendados, gestores de factorías, importadores de todo género: son los felices aprovechados de una aventura que les supera. La descolonización solo puede ser, en estas condiciones, infinitamente dolorosa. Es preciso abandonar jirones de la bandera nacional. Ni estructuras políticas que puedan permitir una fácil transmisión del poder a los electos locales. Ni burguesía, ni aristocracia nacionales capaces de sustituir al colonizador. Ni sobre todo convicción, en París, de poder mantener una presencia, con otras formas, a costa de habilidad o flexibilidad. Cuando se añaden a ello importantes colonias de población, como en Argelia, la ecuación parece irresoluble.

¿Dónde, en el seno del Imperio, tuvo la descolonización un aspecto británico? En Marruecos, pues Lyautey se había comportado allí como un virrey a la inglesa más que como un gobernador a la francesa: no había cesado de proteger la identidad marroquí. Sin embargo, la andadura de la descolonización no fue fácil en absoluto, ni siquiera en Marruecos. Desde el derrocamiento del sultán hasta la represión combatida por Mauriac, ¡cuántos pasos en falso antes de que Edgar Faure se comportara al igual que un primer ministro británico! También en Túnez la perpetuación de las estructuras locales, heredadas del Imperio otomano, ofreció un receptáculo a las pulsiones nacionalistas, pero el itinerario no fue tampoco una balsa de aceite, hasta el bombazo de Mendès France otorgando, en compañía del mariscal Juin, la autonomía local. A pesar de las sacudidas ulteriores —el *caso Ben Barka*, el ataque a Bizerta—, estas son las únicas posesiones con las que se perpetuaron relaciones «a la británica».

En cambio, cuanto más la colonia parecía una excrecencia de la metrópoli, más difícil fue su emancipación. Son tres los departamentos franceses que el contingente procuró, en Argelia, mantener en la República. De ahí el enfrentamiento entre dos tesis inconciliables: convertir los diez millones de musulmanes, hasta entonces ciudadanos de segunda clase, en franceses de pleno derecho e ir hasta el final de su integración, o aceptar una separación violenta a costa de que un millón de *pieds-noirs* regresaran a la metrópoli. La ilusión de una tercera vía, a la inglesa, solo podía chocar con las secuelas del colonialismo que Bugeaud había iniciado en 1830. Puesto que Argelia era, por su parte, un producto de la geografía –proximidad obliga– y del poderío –identidad administrativa obliga–, la separación solo podía ser traumática. Es, término a término, exactamente lo inverso a la descolonización británica en la India. La perpetuación, medio siglo más tarde, del contencioso psicológico entre París y Argel constituye su última ilustración.

La guerra de Vietnam no correspondió al mismo modelo. Si la IV República hubiera elegido en 1946 el camino preconizado por Leclerc y no por Argenlieu, habría podido pensarse en un proceso más normal, pues existía en Hanói, con el Vietminh, un movimiento nacionalista capaz de tomar a su cargo, pacíficamente, el país. De hecho, fue el orgullo de una Francia consciente de haber sido solo una vencedora por chiripa, en 1945, lo que impulsó a París a combatir sin verdadera razón en la península indochina. El gen del poderío, una vez más, había actuado. Más segura de sí misma, menos atormentada por el recuerdo de 1940 y de Vichy, la IV República habría podido arriar, sin drama, la bandera.

Por lo que se refiere a la descolonización africana, atestigua la imposibilidad de construir brutalmente una Commonwealth a la francesa. Sorprendentemente anglófilo en este asunto, el general De Gaulle había aprovechado la Constitución de 1958 para dotar a Francia de la Communauté, réplica idéntica de la Commonwealth. En este marco aparentemente tranquilizador se llevó a cabo, con la excepción de Guinea, la transición hacia la independencia de las colonias africanas. Pero una Commonwealth no cae del cielo: constituye la consumación de un tipo de colonialismo y de una forma particular de descolonización. La Communauté quería ser una organización *ex cathedra* poco adecuada a las realidades políticas y culturales del África occidental y del África oriental francesas. Resultado: la figura tutelar del general De Gaulle no bastó para salvaguardar esta construcción artificial y la Communauté se volatilizó en dos años. La presencia francesa siguió otros caminos –mantenimiento de tropas, intervención discreta en los asuntos políticos, dominio económico– que atestiguaban, todos ellos, el deseo de conservar los instrumentos del poder y no de buscar los caminos menos lineales de la influencia. Fue necesario esperar al siglo XXI para que se derrumbaran los fundamentos de una «Franciáfrica» tan reveladora del «derecho de pernada» que París quiso mantener en sus antiguas colonias.

Ningún país escapa de su naturaleza profunda. La colonización no es un medio de huir de ella; es su exacerbación. La descolonización, por su parte, está predeterminada por el propio estilo de la colonización: constituye, en cierto modo, su último síntoma.

Podemos así, en Delhi o en Abidján, en Accra o en Dakar, en Argel o en Lagos, seguir la pista de las huellas de los ADN británico y francés.

Cuarta parte

Los tiempos del equilibrio

20

La Europa westfaliana
o el equilibrio de fuerzas

El tratado de Westfalia es un formidable test del ADN de los grandes países europeos. Marca la victoria del ADN francés –la geografía y el poderío– sobre el ADN alemán –siendo el pueblo-nación y el Estado racional enviados al quinto infierno–, con, como gran testigo, una Inglaterra fiel también a uno de los constituyentes de su ADN –evitar que emerja en el continente una potencia dominadora.

El triunfo de la Reforma en Alemania fue lo que creó esta situación, aunque el protestantismo desempeñara más tarde un papel de levadura nacionalista. El emperador del Sacro Imperio Romano-Germánico era, como sabemos, un lejano soberano para la miríada de principados, obispados, ciudades libres que constituían Alemania, incluso cuando todos compartían la misma religión católica. El reguero de pólvora luterana cambia los términos de la ecuación. Los príncipes protestantes no ven ya fundamento religioso a su diferencia con respecto al emperador. Su visión se hace política y, por tanto, egoísta.

Deseoso de perpetuar el atraco que los Habsburgo habían hecho a la Corona imperial, Fernando II se lanza a una operación de reconquista e intenta hacer que se arrepientan los príncipes protestantes. So capa de cruzada religiosa, persigue un objetivo político: fortalecer la mano de Austria y dar al Imperio una organización más centralizada. Aunque el procedimiento inmemorial de designación del emperador por los siete electores no es discutido, el objetivo del Habsburgo es convertirlo en puramente formal. De ahí, en el plano religioso, la Contrarreforma y más prosaicamente, en el nivel político, un intento de recuperar las riendas. Nunca Fernando II habría imaginado, al lanzarse a esta aventura, que estaba inaugurando una guerra de Treinta Años de increíble violencia, de la que el territorio alemán saldría devastado, el pueblo-nación humillado y convertiría al Sacro Imperio en el talón de Aquiles de Europa, abierto a todas las intervenciones exteriores.

Suecia y Dinamarca lanzan sus ejércitos a la partida, pero la intervención decisiva es francesa. De hecho, la operación de Fernando II habría podido tener éxito si, menos mesiánico y más cínico, hubiera aceptado en 1629, es decir tras once años de guerra, la proposición de los príncipes protestantes de reconocer la primacía política de los Habsburgo como contrapartida de su libertad religiosa y del reconocimiento de su propiedad sobre los bienes de la Iglesia anexionados desde el inicio de la Reforma. En vez de aceptarlo, el Habsburgo hizo exactamente lo contrario al exigir la restitución de las tierras de la Iglesia. Eso convertía el conflicto en inexpiable.

Richelieu no dejará pasar la ocasión. Liberado de cualquier preocupación interior tras la toma de La Rochelle, sin discusión ya su poder, se lanza a una política que marcará para siempre la identidad francesa. Es, por encima de todo, la obsesión del papel internacional de Francia. Así, por ella «abandona cualquier pensamiento de descanso, de ahorro y de reglamento en el interior del reino». El objetivo es claro. En 1629 escribe al rey: «Ahora que ha caído La Rochelle, si el rey quiere convertirse en el más poderoso del mundo... es preciso tener como perpetuo designio detener el curso de los progresos de España... Francia solo debe pensar en fortalecerse a sí misma y en abrirse puertas para entrar en todos los Estados de sus vecinos y protegerlos de las opresiones de España». La obsesión anti-Habsburgo no puede ser más clara y Alemania, campo abierto a influencias, es señalada con el dedo. Luego es la opción por el poderío. De ahí otra misiva del rey: «Es marca de una singular prudencia haber contenido las fuerzas hostiles a vuestro Estado durante un periodo de diez años con las fuerzas de vuestros aliados, metiendo la mano en el bolsillo y no poniéndola sobre la espada; luego, comprometeros en una guerra abierta cuando vuestros aliados no pueden ya existir sin vos es signo de valor y de gran prudencia; que demuestra que en la administración de la paz de vuestro reino os habéis comportado como esos ahorradores que, habiendo puesto gran cuidado en amasar dinero, saben gastarlo también». El mensaje es claro: utilicemos sin vergüenza nuestro poder y nuestro ascendiente. Finalmente, es un fenómeno más innovador y más turbador, la irrupción de la razón de Estado. Por el lado de la Iglesia apostólica y romana, Richelieu tendría que ver con buenos ojos la cruzada de Fernando II. Jefe, de hecho, del Estado francés, razona como puro político y, por tanto, se dirá más tarde, como laico. El interés de Francia es impedir que tenga éxito el intento de los Habsburgo, lo que pasa por una alianza con Suecia y con los príncipes protestantes. En una época dominada por los envites religiosos, es una revolución. El rey de una Francia que se supone hija mayor de la Iglesia y su primer ministro-cardenal financiarán y apoyarán política y, luego, militarmente a monarcas heréticos según Roma y en guerra contra el muy católico emperador.

Ciertamente, Francisco I había sido el primero en esbozar el principio de la alianza a la inversa acercándose al Imperio otomano, pero su provocación era paradójicamente menor, pues no influía en la situación interna de la Europa cristina. Richelieu no vacilará en seguirle también por este terreno. No se oculta, en cambio, para llevar a cabo una política iconoclasta y derrama su oro sobre Suecia y los príncipes protestantes, en nombre de un simplísimo principio: los enemigos de mis enemigos son mis amigos. Soborna a unos, suscita revueltas, construye quimeras dinásticas con un solo objetivo: prolongar la guerra para impedir que Austria adquiera ascendiente.

Cuando se presenta la perspectiva de un acuerdo entre unos beligerantes agotados ya, el cardenal no vacila en subir un peldaño más y mandar sus tropas. Así, Francia declara la guerra a España, en 1635, como un modo de obligar al Habsburgo de Austria a apoyar al de España y atacar a los franceses. ¿Por qué no actuar directamente declarando la guerra al emperador? Asunto de decencia: la alianza con los príncipes protestantes se convierte en una consecuencia secundaria cuando, de hecho, constituye el primer objetivo.

No acostumbrados a la guerra desde hace varios años, los ejércitos franceses se doblegan: el territorio es invadido por el sur; las provincias lo aprovechan para rebelarse; París está amenazada. Pero a diferencia de muchos de sus predecesores y sucesores, Luis XIII y Richelieu resisten: no abandonan la ciudad, enardecen a la población, levantan nuevas tropas y rechazan al enemigo. Pasado el primer choque, la potencia demográfica y la riqueza francesa permiten establecer diferencias. Richelieu moviliza 150.000 hombres, los distribuye en seis ejércitos, reconstituye la flota y dirige la maniobra, como el país, con mano de hierro. Prevalece la fuerza: los españoles son rechazados al norte y al sur y los franceses reconquistan Picardía, el Norte y Rosellón. Su objetivo de guerra se afirma con el paso del tiempo: los Pirineos y el Rin. Ha nacido el mito de las «fronteras naturales»: dirigirá la política exterior francesa hasta 1945. De Richelieu a De Gaulle, pasando por Clemenceau y Poincaré, la continuidad es total. Hay ahora dos clases de estadistas en Francia: aquellos para quienes alcanzar las fronteras naturales es el objetivo postrero y los que quieren ir más allá, para desgracia del país, en último término. Fundador del primer linaje, Richelieu no sueña en una Francia que domine Europa. Es, paradójicamente para un hombre de fe, un racionalista. Cree en el equilibrio de las potencias y en la estabilidad que resulta de ello. Llega hasta proclamar –son palabras poco cardenalicias– que «la lógica requiere que lo que debe ser apoyado y la fuerza que debe apoyarlo estén en proporción geométrica una con respecto a la otra». No sueña en un ilusorio Imperio francés, pero no quiere un verdadero Imperio alemán. La razón de Estado al servicio del equilibrio de las potencias: he aquí una sutil alquimia. Por lo general, la razón de Estado empuja al *ubris* y al desequilibrio. Richelieu pertenece a la misma especie que Bismarck: tan nacionalista como racional, tan estadista como prudente, tan cínico como reflexivo. Pero, desde este punto de vista, el cardenal tuvo más éxito que el *junker* prusiano: su sistema duró cinco veces más tiempo. Richelieu no verá, mientras viva, la guinda de su política: el tratado de Westfalia se firmará en 1648, cinco años después de su muerte.

Entretanto, el ejército sigue avanzando, como una apisonadora. Condé se burla de los españoles en Rocroi y Turenne de los imperiales en Nordlingen. El camino del Danubio y de Viena se les abre por primera vez en la historia de Francia: el movimiento se llevaba a cabo, hasta entonces, de este a oeste por una Francia invadida que, una vez rechazado el invasor, vacilaba en perseguirlo hasta el meollo del Sacro Imperio.

Este acontecimiento cambia la relación de fuerzas política e impulsa al emperador a transigir. Serán necesarios cuatro años de negociaciones sembradas de emboscadas y combates para lograr la «paz de

Westfalia». Francia gana en ella la mayor parte de Alsacia, pero logra, sobre todo, sus fines: rebajar el Imperio. Precisamente cuando sale más centralizada y más estatal gracias a la acción de Richelieu, obtiene la fragmentación de Alemania. Poco aficionada a las libertades locales en el interior del Hexágono, encuentra su interés haciendo que se reconozcan internacionalmente las «libertades germánicas». Reticente en su casa con respecto a los hugonotes, garantiza la autonomía de los príncipes protestantes de Alemania. Maravillas de la razón de Estado y de su instrumento favorito, el cinismo diplomático.

El Imperio queda desmigajado en 343 Estados independientes, sin contar las ciudades libres y las microrrepúblicas. Sus órganos centrales se limitan al emperador, elegido como antes, y a una Dieta representativa de ese mosaico de principados. Y, suprema humillación para los alemanes, Francia como potencia católica y Suecia como potencia protestante ven como se les reconoce un derecho de supervisión sobre el Imperio, puesto que cada una de ellas puede oponerse a cualquier cambio constitucional, a cualquier modificación de las fronteras entre principados y, por tanto, a todo intento de constituir un poder central.

Austria está en jaque mate: aunque los Habsburgo sigan sucediéndose a la cabeza del Imperio, el título de emperador se hace más honorífico que político. La cruzada de Fernando II era, so capa de religión, una operación destinada a unificar Alemania bajo la autoridad de su dinastía, como lo habían estado Inglaterra y Francia bajo los Estuardos y los Borbones. La unidad alemana aguardará más de dos siglos un nuevo intento: será cosa de los Hohenzollern y corresponderá a un proyecto menos ambicioso, puesto que excluirá Austria. Entretanto, Alemania será el talón de Aquiles de Europa. El objetivo de Richelieu se ha obtenido más allá de lo que podía esperarse: Francia se convierte en la nación más poderosa en un juego de varios participantes, Inglaterra, Austria, España, las Provincias Unidas, Prusia más tarde y, de un modo más lejano, Rusia.

La política está ahora laicizada: nadie se envuelve ya en los oropeles de la religión para camuflar sus intereses nacionales. Tras un conflicto que ha visto, durante una generación, a un Estado católico estableciendo una alianza de hierro con soberanos, grandes y pequeños, todos protestantes, no es ya posible mezclar excesivamente lo temporal y lo espiritual. El papado sale de ello, por este hecho, debilitado: no tiene ya verdadero aliado y solo puede contar con sus propias fuerzas. Así, Luis XIV podrá, al mismo tiempo, abolir el Edicto de Nantes, intentar someter a los protestantes e impulsar el galicanismo hasta el extremo, deteniéndose justo al borde de un cisma a la inglesa, con una Iglesia de Francia a sus órdenes.

Dios excluido de la esfera de las relaciones internacionales, paso a los Estados. Estos respetarán anticipadamente el principio enunciado en el siglo XIX por Palmerston acerca de Inglaterra: «El reino no tiene enemigos perpetuos ni amigos eternos; solo tiene intereses». De ahí, hasta 1789, un incesante ballet de alianzas: los enemigos de ayer se convierten en los amigos de mañana. Podrá verse, incluso, frente al irresistible ascenso de Federico II de Prusia, cómo la Francia de los Borbones se alía temporalmente con la Austria de los Habsburgo. Exclusividad francesa al principio, la razón de Estado y el sagrado egoísmo se convierten en patrimonio de cada cual. Europa parece un gigantesco tablero donde todas las combinaciones son posibles. Nadie ha descrito mejor la situación que el más hábil jugador de ajedrez del siglo XVIII, el gran Federico: «Inglaterra y Francia son enemigas. Si Francia se mezclara en los asuntos del Imperio, Inglaterra no podría permitírselo, de modo que siempre puedo pactar una buena alianza con la una o con la otra. Inglaterra no se inmiscuiría si echo mano a Silesia, pues eso no le supondría prejuicio alguno y necesita aliados. A Holanda le importa un pito, tanto más cuanto que los préstamos hechos a Silesia estarán garantizados. Si no encontramos un terreno de entendimiento con Inglaterra y Holanda, sin duda podemos llegar a un acuerdo con Francia, que no puede contrariar nuestros designios y verá con buenos ojos la humillación de la casa imperial».

En el sistema westfaliano, la paz no está garantizada pero el equilibrio, en cambio, lo está. En cuanto un jugador intenta un movimiento demasiado audaz, los demás se alían para atemperar sus ambiciones. Así, la brutal ocupación de Silesia por Prusia provoca una serie de reacciones. En primer lugar, durante la guerra de sucesión de Austria (1740-1748), aparece una primera configuración con, a un lado, Francia, España, Prusia, Baviera y Sajonia que cambiará de bando en 1743 y, por otro, Austria y Gran Bretaña. Unos años más tarde, con ocasión de la guerra de los Siete Años (1756-1763), hay enroque en el tablero: Austria se encuentra del mismo lado que Francia, Rusia, Sajonia y Suecia con, enfrente, Prusia, Gran Bretaña y Hannover.

Único punto fijo en estas coaliciones: Francia e Inglaterra nunca son aliadas; sus conflictos en América hacen, en efecto, imposible esta configuración. En esta partida, el equilibrio depende en particular del papel de Gran Bretaña. Esta tiene, más aún que los demás, arraigada en sí misma –es su ADN–, una regla de oro: ninguna potencia dominante en el continente. Desempeña así el papel de fiel de la balanza: su posición permite evaluar la relación de fuerzas puesto que toma siempre partido por el más débil. A pesar de los golpes de mano, de las rapiñas territoriales e, incluso, de las guerras oficiales, el continente permanece globalmente en equilibrio durante los ciento cincuenta años de la paz westfaliana. Ninguno de los conflictos alcanza la violencia de la guerra de los Treinta Años: guerra de religión a gran escala, esta diezmó la población. Luego, salvo el absurdo saqueo del Palatinado por las tropas de Luis XIV, las guerras no producirán matanza de población. Opondrán ejércitos profesionales y, una vez decidido el resultado en el campo de batalla, la discusión diplomática recuperará sus derechos. Ilustrarán, más que nunca lo habrá sido en la historia, el principio de Clausewitz según el cual la guerra es la continuación de la diplomacia por otros medios. Mientras los actores del teatro europeo respetaban los cánones de la razón de Estado con lo que su ADN específico aportaba a cada uno de ellos, se mantenía un equilibrio global. Ningún país tenía, por sí solo, los medios de comprometerlo duraderamente construyendo una posición de dominio inexpugnable. Solo un acontecimiento extraordinario podía afectarlo. No podía ser un cambio de dinastía, como la sustitución en el trono de España de un Habsburgo por un Borbón, ni la emergencia de un nuevo Estado constituido, como Prusia, por una sucesión de tomas territoriales con, como corolario, una política de *containment* establecida inmediatamente por las demás potencias.

Solo el cambio de naturaleza de uno de los jugadores puede hacer que salte por los aires el tablero. Cambio de naturaleza; es decir, una mutación del régimen, del equilibrio social y de la ideología, convirtiéndose la política exterior en un subproducto del envite interior. Se trataba, pues, de la aparición, en uno de los grandes países, de un poder decidido a no respetar las reglas del momento entre dinastías nacionales, en competencia unas con otras, es cierto, pero que compartían todas ellas la misma visión del mundo, de la sociedad de castas y del orden político.

Únicamente, en estas condiciones, un trastorno del tipo de la Revolución francesa puede poner fin al sistema westfaliano. Además, esta se desembaraza de los principios en vigor en el escenario europeo, pero no del legado de Richelieu: su pasión por las «fronteras naturales» seguirá el metrónomo de la del cardenal, aunque no practique la razón de Estado como él lo hacía. La violencia del enfrentamiento con las viejas dinastías impide, en efecto, encontrar entre ellas a ese o aquel soberano disidente con quien firmar un pacto fáustico. Así pues, Francia habrá sido, extrañamente, la iniciadora y, luego, el sepulturero del equilibrio westfaliano. No desempeñará ya nunca el mismo papel durante los demás periodos de equilibrio europeo.

21

El Concierto de las Naciones
o el culto a la inmovilidad

El deseo de orden sucede a los grandes tornados. Tras la guerra de los Treinta Años, la paz de Westfalia. Tras el torbellino impuesto a Europa por la Francia revolucionaria y, luego, imperial, la Santa Alianza y el Concierto de las Naciones. Una y otro asegurarán cuarenta años de paz hasta la guerra de Crimea, en 1853, sacudida que cambiará de nuevo las reglas del juego. Existe un mito del Congreso de Viena, sorprendente alquimia entre los placeres de la vida en sociedad y las exigencias de la razón de Estado, entre la extremada sofisticación de los espíritus y su conservadurismo a ultranza, entre las diferencias de temperamento en los protagonistas y sus comunes segundas intenciones.

Al igual que Richelieu es el alma, aunque desaparecida, del tratado de Westfalia, Metternich es la figura emblemática del nuevo sistema diplomático. Pero sus socios de la cuadriga de Viena son todos «pesos pesados»: el zar Alejandro, fantasioso y generoso, sutil e imprevisible; el prusiano Hardenberg, perfecta imagen del «Estado racional»; lord Castlereagh, británico de la cabeza a los pies, dispuesto a todas las contorsiones al servicio de un solo objetivo: fabricar el statu quo en el continente y asegurar la neutralización de los actores; y por fin Talleyrand, confrontado a una situación cuya dificultad para Francia solo podía estimularle. El antiguo obispo de Autun había hablado, bajo el Imperio, en nombre del vencedor; tuvo entonces que transformar el vencido en aliado y miembro de pleno derecho del club. Esta misma tarea, insuperable en apariencia, le correspondió al general De Gaulle en 1945, sentando a Francia en la mesa de los vencedores. Que ambos lo consiguieran atestigua la imposibilidad de concebir un orden europeo en el que Francia fuera solo un solar. La mera geografía bastaría para impedirlo.

Los actores del teatro vienés representan, todos ellos, Estados conservadores: el restablecimiento de los Borbones en el trono garantiza, desde este punto de vista, el regreso de Francia al redil. Se sitúa muy arriba en la escala reaccionaria y la elección, en 1815, de la «Cámara inhallable» acentúa una política ante la que la de Metternich parece encarnar el liberalismo. La unicidad de filosofía es evidentemente un mantillo favorable. El choque de la Revolución suscitó, más allá del Hexágono, «un gran miedo de los bien-pensantes» que la derrota de Napoleón, ese heredero de los tiempos revolucionarios, no basta para disipar.

Todas las cortes de Europa se imaginan potencialmente amenazadas: ¿por qué van a estar al abrigo de un terremoto como el que ha conocido la dinastía capeta, la más antigua de todas ellas? Frente a ese riesgo, deben mostrarse solidarias. La preocupación por el orden basta para limitar los derrapes que habría producido el mero juego de la razón de Estado. Esa es la explicación, mucho más que la generosidad de los aliados o el talento de Talleyrand, del trato ofrecido a Francia. Frustrada, esta podría volver a ser revolucionaria y nada resultaría más contagioso que la revolución. De ahí el increíble regalo que se hace a los Borbones: las fronteras de antes de la Revolución. Eso supone, es cierto, aniquilar un cuarto de siglo de conquistas, pero es también devolverle un territorio mucho más amplio que el de 1648.

Por lo que se refiere a los vencedores, necesitaban algunos trofeos. Para Austria, será en Italia; para Prusia, en Alemania; para Rusia, en Polonia. Inglaterra, por su parte, se limita a una lejana «micropresa»: el cabo de Buena Esperanza. Increíble contención que participa de una excepcional inteligencia estratégica. Adquirir territorios en la Europa continental supone empantanarse allí y verse atrapada en el juego de las cuatro potencias. Estar fuera es la garantía de jugar a los árbitros, ante la menor dificultad, y por tanto poder, en cualquier momento, influir para evitar cualquier posición política, territorial, geográfica, perjudicial para los intereses del reino insular.

Resuelto el problema de Francia, una importante dificultad podía amenazar el equilibrio: la rivalidad de las dos potencias alemanas.

A pesar de la abolición en 1806, del Sacro Imperio, Austria no quería renunciar a su primacía en el espacio alemán. Pero agitada, insatisfecha, bien organizada, provista de un aparato militar muy superior al de Austria, Prusia se consideraba muy por encima de la condición de vasalla. De ahí la intervención de la Confederación germánica, cuya única existencia permitía satisfacer las ambiciones estatutarias de Austria, pero cuya debilidad institucional salvaguardaba el dinamismo prusiano y, sobre todo, cuya misión principal –encargarse de la defensa común de los Estados miembros– ponía de relieve el papel militar de Berlín.

Remodelado así el sistema internacional, los británicos –pragmatismo obliga– no veían la necesidad de garantías formales que los cinco asociados tuvieran que intercambiar. Pero escaldados por un siglo y medio de guerras, los treinta Estados alemanes, Austria y Prusia incluidas, deseaban –juridismo obliga– pactos y tratados. De ahí los dos textos: la Cuádruple-Alianza entre Gran Bretaña, Austria, Prusia, Rusia y la Santa Alianza limitada a las tres «cortes orientales», Prusia, Austria y Rusia. La primera era solo una llamada al orden destinada a los franceses: si sus demonios prevalecían, chocarían con la misma coalición que Napoleón y el resultado sería inevitablemente idéntico.

La segunda, la Santa Alianza, es, en cambio, un acto ideológico impuesto por el misticismo de Alejandro y cuyo objetivo era límpido: «La andadura antiguamente aceptada por las potencias en sus mutuas relaciones debía ser transformada fundamentalmente y era urgente sustituirla por un orden de cosas basado en las altas verdades de la religión eterna de nuestro Salvador». Semejante cháchara, evidentemente, no podía ser validada por un Estado parlamentario y culturalmente más moderno, como Gran Bretaña. Metternich, por su parte, tuvo la genial intuición de capitalizar la religiosidad del zar para convertir la Santa Alianza en un instrumento político. El imperativo religioso justificaba el mantenimiento del statu quo interior de cada uno de los países de Europa. Los tres Estados debían actuar de común acuerdo para asegurar el orden, si se veía comprometido aquí o allá. Eso era ya, para el canciller de Austria, la certidumbre de poder oponer su veto a eventuales iniciativas azarosas de un zar cada vez más fantasioso. Suponía también asentar la paz sobre el mantenimiento, a la cabeza de cada país, de monarquías con resortes bastante próximos unos de otros.

Era por fin, para el defensor de una dinastía hipertradicional, organizar un cortafuego ante los intentos de desbordamiento democrático, procedan de donde procedan. La Revolución francesa había querido exportar en la punta de la espada la declaración de los derechos del hombre; la Santa Alianza le responde convirtiendo el legitimismo en el fundamento de un orden que ella desea eterno. La irrupción de la ideología en la escena internacional, deseada por la Revolución, no se ve sustituida por el regreso a la pura razón de Estado, sino por otra ideología a partir de 1789. Habrá que esperar al Congreso de Versalles para ver otro mesianismo, impuesto por el presidente Wilson, inmiscuirse con idéntico vigor en el juego internacional. La Francia de los Borbones no necesita ser miembro fundacional de la Santa Alianza para encontrar en ella su lugar: su culto a la legitimidad la convierte en un asociado natural.

Transformar el pensamiento reaccionario en fundamento de la política exterior de los signatarios de la Santa Alianza era, para Metternich, el medio de acantonar las pulsiones nacionalistas de Prusia y de Rusia. Es una jugarreta conceptual tan genial como el culto de la razón de Estado en Richelieu. Gracias al mito del *statu quo*, impide por un lado que Prusia proteste en exceso por la preponderancia de Austria y, por otro, que Rusia aproveche en exceso la descomposición del Imperio otomano para debilitar a los Habsburgo. Sin duda, el canciller austriaco logró, con este subterfugio, que el Imperio, constituido de cualquier modo por los ancestros de su señor, sobreviviera un siglo más.. Sorprendente paradoja la de ver cómo se erige en guardián del orden y de la misión divina de las monarquías, un hombre impulsado por su temperamento al escepticismo y al sentido de los matices. ¿Acaso no escribía: «Poco inclinado a las ideas abstractas, aceptamos las cosas tal como son e intentamos, hasta el límite de nuestras capacidades, protegernos de las ilusiones»? La doblez del canciller solo puede compararse, en su tiempo, con la de Richelieu: tienen la ideología de sus intereses, dispuestos a meterse en el bolsillo sus propias convicciones, escépticas en uno, religiosas en el otro.

Dar vida al Concierto de las Naciones fue cosa de Metternich y de Gran Bretaña. La obsesión del canciller austriaco siempre fue la de controlar Rusia e impedir que se lanzara a operaciones impetuosas. Escribe, pues: «Es más importante eliminar las pretensiones en los otros que hacer valer las nuestras. Obtendremos más en la medida en que pidamos menos». Por lo que se refiere al enfoque inglés, el propio Metternich lo describió admirablemente en 1841: «¿Qué quiere lord Palmerston? Quiere lograr que Francia sienta la potencia de Inglaterra probándole que el asunto egipcio no tendrá más salida que la que él desea, y sin que Francia tenga nada que decir. Quiere probar a las dos potencias alemanas que no las necesita, que a Inglaterra le basta la ayuda de Rusia. Quiere vigilar Rusia y mantenerla en su estela porque temerá permanentemente ver cómo Inglaterra se acerca de nuevo a Francia».

En los periodos de estabilidad, los países siguen su naturaleza profunda, su ADN. Así, Austria pone toda la inteligencia de su canciller al servicio de un statu quo que puede, por sí solo, proteger su barroca construcción supranacional; cualquier revuelta nacionalista de uno de los componentes del Imperio o cualquier amenaza de una potencia europea más sólida podrían echarla abajo. Inglaterra, por su lado, es fiel a su eterno principio referente al continente –dividir para reinar– con el fin de sentirse libre en este flanco y, por tanto, reservar su energía para la política imperial. Prefiere, por lo demás, salir formalmente del Concierto, en 1818, precisamente cuando Francia entra en él, para mantener libres las manos, aunque deba contentarse con un puesto de «observador». Simbólica mutación destinada a mostrar que el Reino Unido jamás se sentirá comprometido por una decisión colectiva de los europeos que considere contraria a sus intereses. Negándose a ser el gendarme de Europa, Londres se limita a ser unas veces el árbitro y otras el tutor.

Entregada a su expansionismo, versión conquistadora de su temor al sitio, Rusia de buena gana habría espigado un territorio por aquí y otro por allá, pero Alejandro I y, luego, Nicolás I son manipulados por un Metternich que consigue encerrarlos en sus discusiones sin fin. Prusia, por su parte, de buena gana habría cedido a su tropismo estatal y alemán: pero, ante la imposibilidad de cambiar las fronteras, consagra su energía a acrecentar su poder económico sobre Alemania, especialmente por medio del *Zollverein* –la unión aduanera.

Por lo que a Francia se refiere, una vez liberada de su estatuto de vencida, gracias al pago anticipado de la indemnización de guerra, necesita «hinchar sus músculos» para recordar a los demás su fuerza. De ahí, en 1823, su intervención en una España presa del desorden, por iniciativa de Chateaubriand, por aquel entonces ministro de Asuntos Exteriores, que quiere ver en ello un hecho de armas a la altura de su genio. Pero más allá del reflejo egótico del futuro autor de las *Memorias de ultratumba*, se trata de un hábil gesto político. Muestra a los miembros del Concierto de las Naciones que Francia contribuye a mantener el orden cuando es embestido y les recuerda convenientemente que es todavía una gran potencia militar. Pues, paradoja de la historia, mientras Napoleón se había empantanado en España, el duque de Angulema, ayudado por la vieja guardia de los mariscales del Imperio, dirige casi un paseo militar: salvo por algunos combates para tomar el fuerte del Trocadero, ocupa el resto del país sin dificultades y las tropas francesas permanecen allí hasta 1828, sin suscitar, esta vez, contra ellas la menor guerrilla. De discusión en compromiso, la Santa Alianza resistió, finalmente, la agitación en los Balcanes y las tentaciones rusas de avanzar hacia los estrechos.

Solo en 1848 este mecanismo de relojería se estropea. La marcha de Metternich significa que no hay ya director de orquesta sutil e inventivo. La revolución de febrero de 1848, en París, hace caso omiso del principio conservador e inquieta a los demás europeos temerosos ante la idea de una Francia mesiánica y conquistadora de nuevo. El movimiento de las nacionalidades barre, como un terremoto, el orden interior de la mayoría de los países del continente. Pero una vez estabilizada en Francia la situación, con el advenimiento de Luis Napoleón al poder y aplastadas las revueltas nacionalistas en los demás países, el regreso al statu quo se revela, no obstante, imposible.

La guerra de Crimea en 1853 pone fin al principio, en vigor desde 1815, según el cual las grandes potencias europeas nunca se batirán entre sí. Una vez más es un Bonaparte quien enciende la mecha. Apenas coronado, Napoleón III obtiene del sultán ser proclamado protector de los cristianos del Imperio otomano, ante la indignación del zar Nicolás I, que se consideraba, como sus predecesores, el tutor de los eslavos de los Balcanes. Este reclama en balde, al sultán, el mismo título y, despedido, parece disponerse a ocupar los estrechos. Esta ambición territorial rusa siempre ha constituido un casus belli desde el punto de vista de los británicos, que ven en ello una amenaza a sus líneas de comunicación imperiales. Pero el zar no se siente amenazado: «Vosotros cuatro [las grandes potencias] podríais imponerme vuestra voluntad, pero eso no sucederá nunca. Puedo contar con Berlín y Viena». Eso supone subestimar el símbolo que es el envío de la Royal Navy a los estrechos. Considerándose protegido por el Reino Unido, el Imperio otomano declara la guerra a Rusia y se beneficia del apoyo de los ingleses y los franceses. Estos mandan un cuerpo expedicionario a Crimea para tomar el control de la base naval rusa de Sebastopol. Atrapada entre objetivos contradictorios –preservar sus relaciones de amistad con Rusia, impedir que se agite en los Balcanes, no provocar a Francia en Italia–, Austria presenta un ultimátum a los rusos acerca de un asunto que les es querido: exige su retirada de Moldavia y Valaquia. Rusia decide, ante esta amenaza, detener la cosa. Por lo que se refiere a Prusia, obtiene beneficio del juego obligando a Austria a retirarse de Alemania.

Este encadenamiento de cosas, bastante irrisorio en el fondo, muestra cómo el Concierto de las Naciones parecía lo que los físicos denominan un «estado metaestable». Tiene todas las apariencias de la solidez, pero es de extremada fragilidad. Es un mikado: quitar una pieza destruye toda la construcción. Sin duda, con Metternich presente nada habría ocurrido: a fuerza de discusiones, habría moderado las ambiciones orientales de Napoleón III, impulsado a los ingleses a la prudencia, habría seguido encerrando a los rusos en una falsa solidaridad destinada a hacerlos impotentes y, con su mera presencia, habría mantenido Prusia a distancia.

Pero sin director de orquesta, la partida es más difícil. La naturaleza del régimen imperial francés complica, por añadidura, las ecuaciones. Aunque juegue al soberano y se complazca sentando a su mesa a las familias reinantes, Napoleón III no es un conservador. Heredero de la afición al movimiento de Bonaparte y marcado por su pasado «socializante», no adopta el culto al orden inherente a la Santa Alianza. Todas las iniciativas ulteriores lo atestiguarán. El apoyo dado a Cavour, en nombre del respeto a las nacionalidades, acompaña el deseo de expulsar Austria de Italia y la payasada mexicana atestigua una irrazonable afición al riesgo. Desde hace mucho tiempo, el emperador ha querido ser el defensor de la libertad de los pueblos, especialmente del polaco y el italiano. El modo como describe la situación en el Consejo de Ministros, tras la guerra de Crimea, de creer a Émile Ollivier, muestra con creces que el antiguo prisionero del fuerte de Ham no pertenece al mundo del Congreso de Viena: «La guerra de Oriente podía ser la revolución esperada y con esta esperanza la emprendí. Sus consecuencias podían ser grandes cambios territoriales, sin la indecisión de Austria, la lentitud de las operaciones militares no hubieran logrado convertir en un simple torneo los gérmenes de una gran revolución política».

En este ballet de las potencias, la única auténticamente inmutable es Inglaterra. Cuando el Concierto de las Naciones funcionaba y aseguraba aquello en lo que siempre había soñado, la estabilidad y el equilibrio en el continente, ella se permitía el lujo de permanecer al borde del camino y no comprometerse en una cocina política reaccionaria, poco adecuada a su gen parlamentario. Pero una vez quebrado el Concierto, sube de nuevo a primera línea para asegurarse de que ninguna potencia predominante emerge en el continente y, por consiguiente, toma siempre el partido del más débil contra el más fuerte. Eso la obliga a tratar sin la menor vergüenza con todos los Estados, sin hacer el gesto de asco de las viejas monarquías legitimistas ante regímenes que no se les parecían. Así, Palmerston puede anunciar, frente a la emergencia de Luis-Napoleón Bonaparte: «El principio invariable que regula las acciones de Inglaterra es reconocer como órgano de todas las naciones el que cada nación elija deliberadamente tener». Reina el empirismo. ¿Tratar con el diablo? Sin la menor reticencia, si el juego se lo vale. Los prejuicios sociales y políticos se detienen en los límites del interés de la Corona. La sencillez de los principios de acción del Reino Unido garantiza, en parte, su superioridad. No se trata de un ser en devenir, como Prusia, de una construcción aplazada como Austria, de un Estado inseguro de sí mismo como Rusia, de una potencia con fluctuantes ambiciones territoriales del estilo de Francia. Su ADN convierte a Inglaterra en un actor tanto más fuerte cuanto es simple.

22

El sistema bismarckiano o
el poderío atemperado por la inteligencia

Mientras que Hitler encarnará la versión demoniaca de la pareja pueblo-nación y Estado racional, Bismarck, por su parte, la toma a su cargo, la hace triunfar y consigue ocultar los riesgos de derrape por el mero juego de su inteligencia. Ese *junker* conservador es, a su modo, un revolucionario; ese apasionado por el orden, un espíritu libre; ese hombre de hierro, un alma sutil; ese reaccionario, el inventor, por adelantado, del Estado-providencia; ese político reticente al poder parlamentario, el instaurador del sufragio universal. El sistema diplomático cuyo diseñador será, quedará marcado por el marchamo de la superior inteligencia del canciller; y esa será también su principal debilidad. Sin la agudeza de este último para domarlo, se arriesga a resultar incontrolable, al igual que privado de la sutileza de Metternich, el Concierto de las Naciones resultó un callejón sin salida.

Llegado a la madurez política durante la Santa Alianza, Bismarck comenzó a detestarla. Vio en ella un medio artificial para elevar Austria por encima de sus capacidades y para mantener Prusia por debajo de sus potencialidades. Ahora bien, esta tiene, a su modo de ver, una misión histórica: unificar Alemania. Pero la sombra que proyecta Austria lo obstaculiza. La solidaridad de los regímenes conservadores es una trampa. Conservadora en el interior de sus fronteras, Prusia pierde su libertad de acción cuando ve solo bajo ese prisma las relaciones internacionales: aliena de este modo cualquier posibilidad de llevar a cabo la unidad alemana. Por el contrario, paso a la *Realpolitik*. Es la versión bismarckiana de la razón de Estado tan cara a Richelieu.

Esta debe permitir llevar a cabo el gran designio del canciller: reunir al pueblo-nación solo bajo la égida del Estado lo bastante racional para lograrlo, Prusia. Con semejante convicción soldada a su cuerpo, Bismarck no puede avalar los intentos de unificar Alemania por la vía democrática, nacidos del gran movimiento liberal de 1848, pues semejante proceso no concedería su lugar al papel piloto de Prusia. Ahora bien, una Alemania unida, a su entender, no puede vivir sin un jefe de filas. Así, en 1850, dice: «Busco el honor de Prusia manteniendo Prusia al margen de cualquier relación deshonrosa con la democracia y no admitiendo jamás que ocurra en Alemania nada sin la autorización de Prusia». La política exterior de Berlín es un subproducto de la misión cuasi divina de Prusia: unificar Alemania. Puede permitirse, en nombre de este objetivo, todos los cambios de camisa, la variación de las alianzas, las necesarias contradicciones, pues el proyecto nacionalista de Bismarck topa con un obstáculo que debe superar a toda costa. Es la sombra que Austria proyecta sobre el espacio alemán y la obligación, para ella, de bloquear el dinamismo prusiano para preservar su propia posición: «Mientras Austria no acepte una delimitación de las esferas de influencia en Alemania, debemos esperar seguir compitiendo con ella, por la senda de la diplomacia y la mentira en tiempos de paz, y aprovechando cada ocasión para dar el golpe de gracia». Mentira y golpe de gracia: así es la *Realpolitik* en acción.

Por esta razón la Francia imperial es una baza mucho mejor en el juego prusiano de lo que habría podido serlo la monarquía de Julio. La faceta «elefante en una cacharrería» de Napoleón III hace que se mueva el tablero europeo. Ahora bien, Prusia necesita movimiento para que su causa avance y liberarse de la hipoteca austriaca. Desde este punto de vista, el deseo de Napoleón III de expulsar Austria de Italia puede ser un útil prefacio a su expulsión de Alemania por Prusia.

Hasta 1862, Bismarck construyó su *Weltanschauung*[4] analizando los acontecimientos. Una vez canciller ya, provisto de un claro viático, actuara con brutalidad. No ataca inmediatamente a Austria, sino que, por el contrario, la arrastra, al lado de Prusia, a una expedición guerrera en 1864, para desprender los ducados de Schleswig y Holstein

---

[4] Visión del mundo.

de la Corona danesa, un modo de indicar así ante el mundo que una potencia no germánica no puede controlar territorios alemanes. Pero esta operación comportaba también un mensaje subliminal, Prusia es el jugador principal y Austria queda relegada a un papel subalterno. Suponía también arrastrar a Viena a un juego del gato y el ratón para el que los Habsburgo no estaban preparados, especialmente para administrar, de común acuerdo con Prusia, ducados situados al otro extremo de Alemania.

Bismarck acechaba, en relaciones cotidianas cada vez más conflictivas, el pretexto para un enfrentamiento militar en el que la potencia prusiana le garantizaría la victoria. Esto suponía, no obstante, una condición previa: la neutralidad francesa. Nada como una buena mentira, el canciller lo había proclamado siempre, para lograrlo: utilizó, pues, con el emperador el señuelo de ciertas perspectivas en Bélgica, a cambio de su cheque en blanco para la completa anexión de Schleswig-Holstein por Prusia. Tras haber sacado a la luz el confuso espíritu del emperador, supo arrastrarlo a tortuosas maniobras, mientras este recurría a un razonamiento que pretendía ser una resurrección de la política de Richelieu: cualquier conflicto interalemán es bueno para Francia. Napoleón III no comprendía lo que, para muchos –y en primer lugar Thiers–, era pura evidencia: el enfrentamiento entre Prusia y Austria no conduciría a su mutua neutralización, sino que, por el contrario, aseguraría la primacía de la primera y sería solo una etapa en su marcha hacia delante.

La victoria de Prusia en Sadowa dio a Bismarck la ocasión de demostrar que la contención puede ser un arma mágica. Un estadista clásico habría proseguido de inmediato su ventaja y habría marchado sobre Viena. ¿Puede imaginarse a Napoleón deteniendo, tras una victoria, a sus ejércitos en la frontera austriaca? La genial jugada de Bismarck fue comprender que destruir el Imperio de Austria sería un factor de inestabilidad internacional de la que Prusia no obtendría provecho alguno. Habría sido demasiado grande el riesgo de que ante un acontecimiento de esta magnitud, Inglaterra, Rusia y Francia se coligaran para hacer entrar en razón al lejano heredero de Federico II.

Aun sin invasión, el tiempo corría en esta dirección. Era preciso concluir rápidamente con objetivos lo bastante limitados para que Austria tuviera la sensación de salir bien librada y el mundo entero se limitara a considerar a Prusia, ambiciosa es cierto, pero razonable. El tratado de Praga, firmado en agosto de 1866, es la ilustración de este enfoque: Berlín se anexiona los Estados que se habían puesto al lado de Austria, Hannover y Hesse-Cassel además de Schleswig-Holstein, claro está y de la ciudad de Frankfurt, conquista simbólica puesto que es la sede histórica de la Dieta imperial. Pero sobre todo, más allá de las concesiones territoriales, Austria se retira de Alemania. Es la segunda muerte, tras 1806, del Sacro Imperio y la desaparición del ascendiente de los Habsburgo sobre todos los reyes y príncipes alemanes. Con la Confederación de la Alemania del norte, Bismarck prefigura el Reich. Por lo que se refiere a los Estados del Sur –Baviera, Baden, Wurttenberg–, preservan una independencia nominal, con la salvedad de ver sus ejércitos colocados, en caso de guerra, bajo mando prusiano.

La unificación está ahora al alcance de la mano. Es cosa de circunstancias y pretextos. Pero, del mismo modo que apartar Austria de los asuntos alemanes era una condición previa para la unidad, impedir que Francia se inmiscuya a su vez es una exigencia. Puede ser el resultado de un declive diplomático acertado por el emperador o de una guerra victoriosa contra él. Bismarck comienza negando a Napoleón las contrapartidas que supuestamente le había prometido antes de Sadowa, en Bélgica y en Holanda: ¿por qué pagar a posteriori un rescate, cuando tiene ya en su mano la realidad remodelada? Deja que el soberano francés se embrolle en los confusos debates de la sucesión de España, sin incidencia alguna sobre los asuntos del mundo, tan irremediable es la desaparición de España tras el precedente conflicto sucesorio, en 1700. Finalmente, puesto que la paz se mantiene, aunque solo sea colgando de un hilo, le da la estocada definitiva con el despacho de Ems. Tras haber descubierto los resortes psicológicos del emperador, esa tan particular mezcla de complejos de inferioridad y de superioridad, monta la emboscada de modo que pueda utilizar el reflejo de orgullo. La maniobra tiene mucho más éxito de lo esperado: mientras que el deseo de guerra es prusiano, es Francia la que la declara y carga con la responsabilidad ante todo el mundo, lo que le priva de cualquier posibilidad de obtener aliados, mientras que Prusia goza de la cooperación militar de todos los Estados alemanes.

Sedan es al ejército francés lo que fue Sadowa para el ejército austriaco. Prisionero Napoleón III, el desastre es completo. El canciller tiene las manos libres para hacer que se proclame la unificación de Alemania bajo la égida de Prusia. Pero, producto de un odio aristocrático contra la Francia bonapartista o de un deseo de vengarse de la «Gran Nación» –como la llamaban los alemanes con envidia y hostilidad–, Bismarck lleva a cabo dos provocaciones cuyo equivalente se había abstenido de realizar con respecto a los Habsburgo: coronar al emperador en Versalles –gesto sin más finalidad que humillar– y, más grave aún, anexionarse Alsacia-Lorena a riesgo de impedir una paz plena y completa con Francia. Es la única manifestación, durante el magisterio de Bismarck, del deseo de extender el pueblo-nación a provincias de lengua alemana aunque hubieran salido, desde hacía mucho tiempo, del territorio del Sacro Imperio.

El conflicto de 1870 dibuja un nuevo mapa de Europa. En el centro, un Imperio alemán dominante; al este, una Austria debilitada, cada vez más amenazada en su naturaleza supranacional; al oeste, una Francia rebajada, sin esperanzas de revancha a corto plazo; más allá, a ambos lados del continente, una Inglaterra y una Rusia al acecho, inquietas ante el ascenso de Alemania. Todos los gérmenes de una inestabilidad crónica se han reunido. El canciller conseguirá sin embargo instalar, a fuerza de habilidad, un sistema sólido y pacífico. Pero este dependerá solo de su talento. Cuando él desaparezca, el escenario europeo se bamboleará.

Bismarck estaba convencido de que el temor a Alemania podía llevar al conjunto de los demás Estados europeos a aliarse contra ella, a pesar de las tensiones que existían entre Austria y Rusia, teniendo en cuenta el deseo de Viena de compensar con una mayor influencia en los Balcanes su expulsión de la escena alemana. El canciller necesitaba quebrar, pues, ese frente potencial. Nada tenía que esperar de Francia, convertida en un enemigo inexpiable después de su derrota, ni de Inglaterra deseosa de mantener, de acuerdo con sus raíces, su total libertad de acción. Ahora bien, el objetivo de Berlín es ahora la estabilidad: Prusia no intenta llevar más lejos su ventaja, especialmente con respecto a la Austria germanófona. Muy al contrario, la obsesión de Bismarck era ver cómo se derrumbaba el Imperio de los Habsburgo y estar obligado a un *Anschluss* que provocara el incendio de Europa. Esta es la diferencia entre la racionalidad bismarckiana y, más tarde, la irracionalidad hitleriana. Hitler soñará en la situación que Bismarck teme.

El canciller, desde entonces, solo tiene ante sí un camino de cresta: establecer relaciones amistosas tanto con Austria, para confortarla, como con Rusia para controlar su expansionismo, y todo ello a pesar de las recurrentes tensiones entre Viena y San Petersburgo.

Una vez elegida esta opción, apuesta a que conseguirá establecer una paradójica alianza con los dos emperadores, el austriaco y el ruso. Eso supone reinventar la Santa Alianza de Metternich, pero el cemento reaccionario es, esta vez, insuficiente frente a las ambiciones de sus aliados en los Balcanes. La revuelta de los búlgaros contra el Imperio otomano, en 1876, enciende la pólvora, con una Rusia que acude en ayuda de los insurrectos en nombre del paneslavismo y, frente a ella, una Austria obligada a reaccionar por miedo a ser marginada, así como un Reino Unido siempre puntilloso ante la perspectiva de ver cómo la marina rusa se acerca al Mediterráneo oriental.

Milagro del talento diplomático, Bismarck consigue, sin embargo, establecer una posición común entre los tres imperios para amenazar Turquía en caso de que prosiga la represión en Bulgaria. Era, es cierto, correr el riesgo de poner al Reino Unido del lado del Imperio otomano, y Disraeli no dejó de mandar la Royal Navy a la zona, clásico signo de la irritación británica. Pero Bismarck podía temer, algún día, llegar al extremo con Francia tanto como sabía que encontraría siempre un terreno de entendimiento con Inglaterra, sobre todo si tenía a la cabeza un socio que, como Disraeli, era de su temple. La violencia de los turcos favoreció la tarea del canciller: Inglaterra se unió a los tres emperadores para conminar a Turquía a detener sus exacciones. Puesto que una intervención militar rusa encendió la pólvora, con el riesgo de ver como se iniciaba una nueva guerra en Crimea, Bismarck decidió reunir a todas las partes en un congreso en Berlín, del que Disraeli fue, de hecho, la estrella. *Der alte Jude, das ist der Mann* –'el viejo judío es el hombre de la situación'–, reconoció con admiración. Él se limitó a actuar como un amable representante de comercio, no dejando de afirmar que nunca sacrificaría a un «granadero pomerano a causa de los Balcanes».

Transformar al dueño del juego en árbitro es una metedura de pata. Al principio, el canciller lo había intentado limitando los compromisos de su país y satisfaciéndose con la alianza de los tres emperadores. Puesto que el deseo de expansionismo ruso convertía en caduca una aproximación de Austria y Alemania, Bismarck cambiará de derroteros multiplicando los acuerdos diplomáticos y llevando a cabo, con sus diversos asociados, un ballet tan complicado que solo él no perderá el hilo. La finalidad de estas maniobras es impedir que los europeos se agrupen contra Alemania y establecer, para lograrlo, vínculos con la mayoría de ellos, para poder así anestesiar cualquier veleidad de alianza que le fuera hostil. De ahí, prioritariamente, un acuerdo secreto firmado, en 1879, con Austria y que, a cambio de la seguridad que Viena encuentra en él, acepta conceder a Berlín un derecho de veto sobre la política austriaca en los Balcanes. Luego un nuevo refrito de la alianza de los tres emperadores aunque, esta vez, con un dispositivo preciso y sutil: si uno de ellos entraba en guerra con una potencia exterior, los otros dos le prometían una benevolente neutralidad. Esto garantizaba a Alemania no encontrarse nunca frente al resto de Europa. Tercer movimiento: introducir Italia en la alianza secreta con Austria. Convertida en el «Triple», el nuevo pacto equivalía a una ayuda mutua entre Berlín y Roma en caso de agresión de Francia. Finalmente, el canciller impulsará a Austria, Italia y Gran Bretaña a comprometerse a garantizar el statu quo en el Mediterráneo.

Una evidencia salta a la vista ante ese embrollo de acuerdos internacionales: Francia nunca participa en ellos. Pero aunque Bismarck quiera aislar a Francia en la escena continental, la apoya en sus ambiciones coloniales, para distraerla de la pérdida de Alsacia-Lorena y para conducirla, en lejanas tierras, a enfrentamientos con Inglaterra. Teniendo en cuenta el gen inglés, que hace de la política colonial un elemento clave de la identidad nacional, la maniobra no carece de habilidad pues puede permitir que Londres y París se pongan duraderamente a malas. Dar libre curso al colonialismo francés suponía que Alemania renunciase, por su parte, a cualquier política colonial. Eso no supone un sacrificio para el canciller: no desea para su país una «política india».

Pero Bismarck lleva a cabo, antes de abandonar el poder, una maniobra más complicada aún: el tratado secreto de reaseguro. Alemania y Rusia se comprometen a permanecer neutrales en una guerra contra un tercer país, salvo si Alemania atacase a Francia o Rusia a Austria. Era, para los dos Estados signatarios, la seguridad de no tener que hacer la guerra en dos frentes, siempre que permaneciesen en una postura defensiva. En este grado de sofisticación, el sistema bismarckiano no era ya cosa de equilibrio, sino de equilibrismo: solo el canciller estaba en condiciones de no embrollar los hilos.

Este increíble «mikado diplomático» atestiguaba lo difícil que era para Alemania, superpotencia europea ya, jugar al garante de la paz. Bismarck necesitaba una energía incesante para impedir que su país siguiera una pendiente nacionalista, inmiscuyéndose en los Balcanes, a riesgo de tensiones con Rusia, o lanzándose a aventuras coloniales, a costa de enfrentamientos con Francia o el Reino Unido. Una vez alcanzado su objetivo de unidad alemana, Bismarck convirtió deliberadamente el Imperio en un Gulliver trabado. Pero eso suponía, a largo plazo, ir contra los instintos de la opinión pública, la retórica del Reichstag y el temperamento del nuevo emperador, Guillermo II. Para el canciller, el pueblo-nación había encontrado su felicidad en un Estado unitario, no tenía vocación alguna de dominar el mundo.

Desgraciadamente, este postulado no correspondía en absoluto a la dinámica del poderío. El ascendiente, el prestigio y la inteligencia del «canciller de hierro» pudieron hacer creer en la estabilidad del sistema bismarckiano. Pura ilusión: sin ni siquiera imaginar los enloquecidos excesos del III Reich, era muy grande el riesgo de que el sistema estallara en mil pedazos cuando solo Guillermo II lo manejara; Alemania parecerá muy pronto demasiado fuerte y demasiado molesta en el continente. ¿Jugó por ello Bismarck al aprendiz de brujo? En absoluto, pues la unidad alemana era una certeza: en sociedades progresivamente dominadas por el peso de la opinión pública, el sueño, a lo Richelieu, de una Alemania desmigajada para siempre no tenía ya sentido alguno. Bismarck fue el instrumento de la lógica de la historia; quiso luego, en nombre de la paz, frenarla. El intento era tan respetable como condenado, a largo plazo, al fracaso.

23

El tratado de Versalles
o el desastre de las buenas intenciones

Ningún Concierto de las Naciones, ningún sistema sofisticado del tipo bismarckiano podía salir de la Primera Guerra Mundial. El conflicto había sido demasiado violento, el enfrentamiento de las sociedades civiles demasiado directo, las ideologías nacionalistas demasiado ardientes para desembocar en soluciones sutiles y en medias tintas. Estaba sentado en la mesa, por añadidura, un jugador poco acostumbrado a los arreglos a la europea. El presidente Wilson encarnaba, más que ninguno de sus predecesores, el gen mesiánico de Estados Unidos, pero el Congreso recordaría al mundo, cuando llegara el momento, que existía un segundo gen, poco visible durante las negociaciones de Versalles: el aislacionismo. Desprovisto de los afeites de la diplomacia clásica, Estados Unidos mostró su naturaleza en estado bruto.

Del lado francés, Clemenceau era el digno heredero de Richelieu, la geografía y el poder le servían de obsesión. El Reino Unido, por su parte, permanecía fiel a su único objetivo: la negativa a un actor predominante en el continente. Por esta razón había aceptado una Entente cordiale en 1906, tan contraria a los hábitos de la historia, y se había aliado con Francia frente a una Alemania demasiado aplastante en Europa. Por lo que a los alemanes se refiere, habían impuesto a los bolcheviques, por el tratado de Brest-Litovsk, concesiones de una magnitud poco adecuada a los cánones de la diplomacia tradicional sin adivinar que iban a constituir, para ellos, un enojoso precedente en caso de derrota. Austria-Hungría sabía que el armisticio condenaba su construcción multinacional. Italia buscaba una recompensa territorial que le permitiera creer en su entrada en el «patio de los mayores».

Todos los elementos de una deflagración diplomática estaban reunidos. Se les unía una paradoja que los aliados se empecinaban en negar: el armisticio fue solicitado por una Alemania cuyas tropas ocupaban todavía retazos del territorio de sus enemigos y de los que, en cambio, ningún metro cuadrado había sido hollado por los soldados aliados. Situación sin precedentes en la historia, por completo inversa a las incursiones de Napoleón en Viena o Berlín, a la ocupación de París en 1815 o al asedio de la ciudad en 1870. ¿Cómo lograr que una opinión pública caldeada al rojo vivo por cuatro años de propaganda nacionalista aceptara que, sin ver ocupada su patria, había perdido la guerra y debía pagar ese precio? Y, a la inversa, del lado de los vencedores, ¿cómo, tras tantos sacrificios, justificar condiciones de paz que llevaban el marchamo de la generosidad y no de la venganza?

Esta irresoluble contradicción se inscribía, por añadidura, en un contexto para el que ninguno de los beligerantes europeos estaba preparado: la revolución diplomática a la que les invitaba el presidente Wilson por medio de sus «catorce puntos» presentados al Congreso el 8 de enero de 1918. Ocho eran, a su modo de ver, obligatorios: abandono de la diplomacia secreta, libertad de los mares, reducción del armamento, supresión de las barreras aduaneras, arreglo imparcial de los problemas coloniales, evacuación de Bélgica, evacuación del territorio ruso y creación de una Sociedad de Naciones. Seis puntos eran condicionales: la restitución de Alsacia-Lorena, la autonomía para las minorías de los imperios austro-húngaro y otomano, el reajuste de las fronteras italianas, la liberación de los Balcanes, la internacionalización de los Dardanelos y la creación de una Polonia independiente que dispusiera de un acceso al mar. Este discurso fundacional era acompañado por una mano tendida a Alemania: «Solo queremos que acepte un lugar de igual entre los pueblos del mundo».

Para las potencias europeas acostumbradas al equilibrio de fuerzas, a la razón de Estado o a la solidaridad –del tipo Santa Alianza– entre algunos regímenes, los «catorce puntos» constituían una provocación: acababan con los modos de resolución clásicos de los conflictos, pretendían levantar una ciudad ideal y trataban con condescendencia las reivindicaciones territoriales de los beligerantes. De ahí la irresoluble ambigüedad de la mirada que los aliados posaban en su asociado norteamericano: por un lado, solo él había podido hacer cambiar en su favor la relación de fuerzas militares; por otro, solidario en la guerra, en la paz se convertía casi en un enemigo diplomático. ¿Cómo el estadista realista, cínico y autoritario que era Clemenceau podía sentirse en sintonía con las utopías de un Wilson, incapaz por otra parte, de medir el peso simbólico para los franceses de la recuperación de Alsacia-Lorena? ¿Cómo un gobierno británico obsesionado, como siempre, por la política colonial, iba a aceptar la irrupción del angelismo en un universo regido por el interés? Solo a los alemanes, paradójicamente, les interesaba sentirse en sintonía con un presidente norteamericano que, en el fondo, solo les pedía como sacrificio que cambiaran el expansionismo de Guillermo II por un regreso a la contención bismarckiana.

En estas condiciones, el diálogo a tres entre Wilson, Lloyd George y Clemenceau estaba condenado a las peores dificultades. Choque de puntos de vista, pero también de personalidades. ¿Qué tenían en común el austero y mesiánico Wilson, el sardónico y granítico Clemenceau, el petulante y encantador Lloyd George? El primero vuelto hacia los principios morales, el segundo hacia las realidades tangibles –territorio y dinero–, el tercero entregado al papel de amistoso compositor. Clemenceau, en el fondo, quería resucitar la Europa del tratado de Westfalia con una Alemania desmantelada y exangüe y una Francia convertida de nuevo, mecánicamente, en el tutor del continente. Lloyd George solo pensaba en los intereses materiales, marítimos y coloniales del Reino Unido. Por lo que se refiere a Wilson, esperaba instaurar el Reino de Dios en la tierra. Los alemanes, por su parte, esperaban que Wilson adquiriese ascendiente e impusiera una paz sin vencedores ni vencidos, muy distinta a la que ellos mismos habían hecho sufrir a los soviéticos en Brest-Litovsk.

Convencido, con gran enojo, de que a Francia le sería imposible obtener un auténtico desmembramiento de Alemania y dispuesto a avalar, por cortesía, las futilidades utópicas de Wilson, Clemenceau se habría limitado de buena gana a un esquema en el que Francia se beneficiara, en caso de nuevo conflicto, de una incondicional garantía de Estados Unidos y del Reino Unido. Pero eso suponía ir contra los genes propios de estos dos países: el aislacionismo norteamericano impedía semejante alianza automática y el principio de mantener siempre sus manos libres no permitía a los ingleses pasar de una Entente cordiale reforzada a un intercambio indefectible de garantías. Clemenceau no tenía, entonces, más alternativa que intentar obtener el máximo de sus asociados, a fuerza de gritos, aun sabiendo que esto estaría muy por debajo de sus expectativas y, sobre todo, de lo que consideraba necesario para la seguridad de Francia.

El tratado de Versalles solo podía firmarse, pues, en una general decepción: franceses convencidos de que su seguridad no estaba garantizada, ingleses descontentos ante la probable inestabilidad del continente, alemanes humillados y decididos a liberarse de un yugo que consideraban injusto y, para completar el desastre, unos Estados Unidos que, tras haber influido tanto en los debates, no ratificarían el tratado, puesto que el aislacionismo iba a prevalecer brutalmente sobre el mesianismo. Pero antes de desembocar en este texto en forma de fracaso programado, Clemenceau intentó introducir la defensa de sus intereses vitales en el sistema inventado por los estadounidenses. Puesto que no querían pactar una alianza militar con Francia, esta propuso la creación de un ejército internacional en el seno del dispositivo de la Sociedad de Naciones. Wilson se negó, arguyendo que semejante mecanismo escarnecería el derecho exclusivo del Congreso a declarar la guerra. Francia pensó entonces en no adherirse a la SDN, pero los ingleses le hicieron ver que un compromiso de seguridad colectiva, aun sin medios de coerción, era mejor que nada.

Nacido de tensiones contradictorias e insuperables, el tratado resultó ser mosaico de frustraciones y, por tanto, lo contrario de un sistema diplomático estable. Frustración, en primer lugar, de los franceses, que recuperarían Alsacia-Lorena, reparaciones muy por debajo de sus deseos, mandatos menores de la SDN y obtenían la desmilitarización de Renania a falta de su separación de Alemania, así como la limitación del ejército alemán a 100.000 voluntarios. Frustración de los alemanes: tenían que abandonar el 13% de su territorio en beneficio de una Polonia reconstituida, y soportar una división en dos del corredor de Danzig, eran condenados a pagar reparaciones superiores a sus medios y a expensas de su desarrollo económico, se veían privados de cualquier herramienta militar, perdían sus colonias, sus haberes en el extranjero y sus patentes industriales. Frustración de los ingleses que, aunque satisfechos en el plano marítimo por la desaparición de la flota alemana y la concesión de las reparaciones, no se sentían cómodos en el nuevo entorno europeo, generador, a su modo de ver, de cosas no dichas, de callejones sin salida y de inevitables tensiones. Frustración de los países de Europa central que se vieron dotados todos ellos, en el nuevo diseño de fronteras, de minorías nacionales turbulentas. Frustración por fin, no de Estados Unidos, sino de su Congreso, que rechazó la ratificación y echó por los suelos los borrosos sueños de Wilson.

La no-ratificación se vivió como una catástrofe, en especial por los franceses. Esta reacción plasmaba un error de juicio: aunque hubiera ratificado el tratado, Estados Unidos nunca hubieran visto en él un compromiso automático de acción con respecto al continente europeo. Su aislacionismo se lo habría impedido; desde entonces, su participación en la SDN solo habría tenido un valor simbólico. Pero este cambio de opinión constituía, para los europeos, un útil regreso a la realidad: las torpezas alemanas habían arrastrado a Estados Unidos a la guerra y no, en primer lugar, el deseo espontáneo de Washington de imponer la paz y el reinado del bien sobre el viejo continente. La ilusión fue disipándose progresivamente. Sin el mesianismo norteamericano, la seguridad colectiva, tal como la había promovido Wilson, conoció una extraña andadura. Conquistó algunas opiniones públicas europeas, precisamente cuando los dirigentes de los mismos países regresaban a menudo a la clásica razón de Estado.

Así ocurrió en Gran Bretaña, donde el pacifismo no dejó de afirmarse, como un lejano avatar de los «catorce puntos» de Wilson, mientras el gobierno británico se entregaba a la política de equilibrio y al intangible principio de las manos libres. Por esta razón negó a los franceses una alianza militar como es debido, por temor a alimentar el expansionismo francés a expensas de una Alemania ya debilitada. El mismo deseo de evitar la dislocación de Alemania hizo que Gran Bretaña se opusiera a Francia sobre el tema de las reparaciones y la impulsó, a partir de 1922, a buscar un compromiso. Una guerra ganada en compañía de los franceses era, como máximo, un epifenómeno. En nada cambiaba el sagrado egoísmo del Reino Unido y la defensa de sus intereses, tal como los practicaba desde hacía varios siglos.

Fortalecida por un apoyo, a medias tintas, de los ingleses, Alemania intento ampliar naturalmente su campo de acción reanudando el diálogo con los soviéticos. El recuerdo del *diktat* de Brest-Litovsk habría podido enfriar el ardor de Moscú, pero la necesidad es ley: si el paria de la escena europea, Alemania, tendía la mano al otro paria, la URSS, esta no iba a mirar para otro lado. Rapallo, en 1922, era solo la primera etapa de una relación cuya prolongación fue el pacto germano-soviético de 1939.

El tratado de Versalles topa en adelante con dos enemigos irreconciliables, Alemania y la Unión Soviética. Se ha convertido, por ello, en contrario a los principios del equilibrio europeo. Está fuera de alcance, puesto que, desvanecida Austria, de los cuatro actores tradicionales –Alemania, Francia, el Reino Unido y la URSS; es decir, Rusia– dos son hostiles al sistema emplazado.

Sin embargo, habría podido organizarse un statu quo si Francia y el Reino Unido se hubieran asociado en una alianza militar que pudiera inquietar a Alemania. Pero Londres no dejó de evitar esta hipótesis, acariciando a Francia y cortejando a Alemania, en nombre de su viejo principio de las manos libres. Este, en un nuevo contexto, era más bien un factor de desequilibrio. Poco segura del apoyo británico, Francia se lanzó a una política desesperada para hacer que se respetara el tratado y a un juego de alianzas ilusorias con los recién llegados de Europa central. La ocupación unilateral del Ruhr, en 1923, como sanción por la falta de pago de las reparaciones, se reveló un fracaso cuyo resultado fue convertir al principal vencedor de 1918 en una potencia aislada.

Paradójicamente, en el centro del dispositivo se instaló Stresemann. La inteligencia tiene siempre algo bueno... Hábil con los soviéticos, amistoso con los británicos, supo incluso congraciarse, tanto como era posible, a los franceses. Para toda Alemania, concentrada en la obsesión de liberarse de las constricciones del tratado, eran posibles dos vías: una consistía en utilizar el encanto y la agudeza y utilizar las torpezas de los aliados de 1918; la otra se basaba en la multiplicación de las provocaciones y los golpes de fuerza y apostaba por la pusilanimidad de las democracias. Stresemann fue el rostro de una de ellas y Hitler el de la otra. Pero ni siquiera la Alemania sonriente era angelical: aunque Stresemann reconociese las fronteras occidentales impuestas por el tratado a Alemania, se guardaba mucho de hacer el mismo gesto con respecto a las fronteras orientales.

Desde que Francia se comprometía en una política de alianzas al este, sin que Gran Bretaña la siguiera, el barril de pólvora estaba ya en su lugar y la mecha podía encenderse en cualquier instante. París garantizaba, por sí sola, fronteras que Alemania no reconocía, a riesgo de tensar las relaciones con su aliado de 1914, el Reino Unido: eso suponía abdicar de cualquier libertad de maniobra.

Stresemann era un «Bismarck civilizado». Menos brutal que el canciller de hierro, más abierto a los demás países, llevaba en su interior el ADN del pueblo-nación en la misma versión moderada que su predecesor. Pero mientras que el padre de la unidad alemana, a partir de 1871, no dejó de actuar para que su país fuese más allá de su posición de fuerza, Stresemann maniobraba para devolvérsela, sin tener las menores ganas, si lo lograba, de aumentar su ventaja. Aunque la lectura post mórtem de sus escritos mostrara que, a diferencia de Bismarck, soñaba en el *Anschluss*, puesto que la pequeña Austria tenía la vocación de reunirse con Alemania, a diferencia del Imperio austro-húngaro.

Si Stresemann no hubiera muerto en 1929, ¿se habría habituado Francia a la idea de dejarle hacer su política a largo plazo; es decir, a permitir que Alemania recuperara su estatuto de antes de 1914? Es poco probable, pues la clase política francesa no habría podido aceptar la idea de que la guerra de 1914 había sido un conflicto solo para la recuperación, avalada por Stresemann, de Alsacia-Lorena. En el universo diplomático de antaño, sin el obsesivo peso de las opiniones públicas y con guerras moderadamente costosas en sacrificios, la hipótesis hubiera sido verosímil. La matanza de 1914-1918 y las cicatrices psicológicas del conflicto lo habrían impedido.

Stresemann no hubiera podido, pues, realizar nunca su postrer objetivo sin aceptar el riesgo de un conflicto. Entre el ADN alemán que llevaba en sí –reconstituir el territorio natural del pueblo-nación– y el de los franceses –garantizar por la geografía la seguridad del país e impedir la reconstitución de una Alemania dominadora– la contradicción hubiera sido insuperable. Pero, desaparecido antes de que su designio saliera a la luz, Stresemann hizo dar un paso decisivo a la resurrección de Alemania al instalarla, incluso desarmada, en pleno centro del juego europeo. Lograrlo menos de diez años después del tratado de Versalles demostraba a posteriori la inanidad de aquel documento: demasiado duro al modo de ver de una Alemania cuyo territorio no había sido ocupado; demasiado débil para unos franceses a quienes les habría gustado reiterar el tratado de Westfalia sin tener capacidad para hacerlo; demasiado ambiguo en el espíritu de los ingleses, deseosos de mantener las manos libres pero, no obstante, marcados por la solidaridad, en los combates, con Francia; demasiado hostil para con los soviéticos, que no cesarán de salir de su aislamiento; demasiado lejano con respecto a Estados Unidos que habían regresado a su espléndido aislamiento.

¿Estaba la guerra inscrita en los errores de Versalles, aunque Alemania hubiera escapado al nazismo? Nadie puede afirmarlo, ¿pero cómo no interpretar las segundas intenciones de los dos estadistas de la República de Weimar que los europeos, con los franceses a la cabeza, más han respetado? El primero, Rathenau, cubrió con su autoridad el clandestino rearme de Alemania, y eso no era un acto anodino; el segundo, Stresemann, llevó a cabo una política exterior destinada a restaurar la posición de su patria.

¿Esos hombres habrían llegado, algún día, hasta el conflicto? Imposible saberlo, también aquí, pero ambos eran demasiado inteligentes para ignorar que su acción podía, a largo plazo, hacer verosímil semejante salida. Por muy abiertos a los demás que estuvieran, estos dos estadistas no se satisfacían con un statu quo que establecía una Alemania empequeñecida, desarmada y tullida.

Ese simple hecho demuestra lo absurdo del tratado de Versalles: inaceptable para los más sofisticados y extravertidos de los alemanes, estaba condenado. Las palinodias de la seguridad colectiva no podían contrariar el peso de la realidad: una SDN desdentada era solo un foro para los buenos sentimientos y para las recriminaciones.

¿Por qué los ingleses y los franceses, en los años veinte, no se interrogaron nunca sobre estas realidades, cuando se enfrentaban a la Alemania simpática y democrática de la República de Weimar? Los primeros no dejaron de andarse por las ramas, jugando hipócritamente con franceses y alemanes, sin tener la capacidad de ser, como antaño, el árbitro de las «elegancias diplomáticas». Los segundos se agarraron a la letra del tratado, sin querer reconocer nunca la inepcia de algunas de sus disposiciones.

Alemanes insatisfechos todos; ingleses incapaces de encontrar sus marcas; franceses ciegos e incoherentes. Incluso sin los estragos de la crisis de 1929 y la irrupción del nazismo, la paz de Versalles, que pretendía ser la más ambiciosa de la historia, era por el contrario la más frágil. Fruto de las emociones de algunos, de las pulsiones de otros, de las utopías de los terceros, estaba en los antípodas de la seguridad colectiva que pretendía haber llevado a las fuentes bautismales. Su fracaso sirvió al menos, *a contrario*, cuando los vencedores de 1945 quisieron, también, rediseñar el mundo.

24

La guerra fría
o los beneficios del miedo

Cuando la victoria se diseña, los tres Grandes imaginan la paz en función de su propia idiosincrasia.

Churchill quiere reinventar el equilibrio europeo, pues no se imagina un Reino Unido tutor del continente. El riesgo de empantanamiento en Europa siempre ha sido la pesadilla de los gobiernos británicos. Stalin desea cambiar su victoria por algunas ventajas territoriales directas y la edificación de protectorados destinados a servir de glacis en la frontera occidental de la URSS: a falta de poder dividirse, en particular y de nuevo, Polonia, mejor sería transformarla en un gran ducado de Varsovia bajo la férula de Moscú. Roosevelt, por su parte, intenta, como Wilson anteriormente, dar pruebas de mesianismo al inventar un sistema de seguridad mundial cuya mera existencia le permitiría repatriar a los *boys* y, por tanto, satisfacer el eterno prurito aislacionista de su país. Del mismo modo, siempre en nombre del mesianismo, espera poner fin al colonialismo, obligando a los ingleses y los franceses a librarse de sus imperios. Ese gran hombre necesitaba una inmensa dosis de ingenuidad para imaginar una Europa de la que se hubiera retirado Estados Unidos, con el Reino Unido como gendarme, Alemania desarmada, Francia relegada, una Unión Soviética a la que imaginaba apacible y poco tentada a aprovechar el enorme vacío creado en su frontera occidental y dominándolo todo un club de cuatro «policías» mundiales –EE UU, Reino Unido, URSS, China– encargados de hacer que reinara el orden, ¡aunque fuese por la fuerza!

Eso era suponer una comunidad de valores entre los Grandes, como en tiempos de la Santa Alianza. Esta visión atestiguaba la paradoja rooseveltiana: el presidente norteamericano era tan angélico en la paz como retorcido había sido en la guerra, tan ciego ante los designios de Stalin –su buen «tío Joe»– como lúcido sobre las intenciones de Hitler, estaba tan deseoso de repatriar a los *boys* –aislacionismo obliga– como decidido a influir sobre el orden del mundo, en nombre de los valores democráticos estadounidenses –mesianismo obliga.

Frente a él, Stalin se comportaba como heredero de los zares, decidido a acumular anexiones para superar indefinidamente el complejo de sitio ruso. Así le respondió a un general norteamericano que le felicitaba por haber llevado las tropas rusas hasta Berlín: «Alejandro I llegó hasta París». Heredero de la inmensa tradición diplomática británica y provisto de un «sexto sentido» estratégico, Churchill, por su parte, había comprendido el mundo por venir: una Unión Soviética ávida de botín, unos Estados Unidos deseosos de abandonar Europa en cuanto fuera posible y su propio país demasiado debilitado, a pesar de la gloria proporcionada por su admirable comportamiento, para resistir solo la apisonadora bolchevique.

De ahí, a pesar de la fuerza del vínculo norteamericano-británico, una verdadera divergencia: Roosevelt creía que Churchill estaba egoístamente movido por el mero deseo de proteger el Imperio británico y el primer ministro buscaba con desesperación el medio de aferrar duraderamente Estados Unidos al orden europeo para evitar un segundo divorcio como el de la no-ratificación del tratado de Versalles. Su sueño habría sido negociar a la antigua con Stalin, llevando en el bolsillo un cheque en blanco norteamericano: territorios, concesiones, garantías, en una palabra: la antigua diplomacia de las potencias. Pero Roosevelt nunca quiso entrar en este juego, retrasando hasta la finalización del conflicto las discusiones sobre la organización de la paz. Sin duda, prefería no contaminar el combate común librado con los soviéticos con un choque entre el mesianismo estadounidense y el cinismo ruso.

Vista desde el rasero de la *Realpolitik*, esta reticencia era un regalo ofrecido a Moscú, dando a las tropas de Stalin tiempo para tomar prendas territoriales antes de que se inauguraran las discusiones de paz. Sintiendo que el suelo se abría bajo sus pies, como consecuencia de los aplazamientos norteamericanos, Churchill intentó, en octubre de 1944, pactar un compromiso con Stalin, para salvar lo que podía salvarse aún de la Europa oriental. De ahí el extraño ejercicio de los porcentajes: 90% de influencia en Grecia para el Reino Unido, 90% de Rumanía para la URSS, *fifty-fifty* en Hungría y Yugoslavia. El avance de las tropas soviéticas hizo caducar rápidamente el ejercicio, salvo en Grecia. Churchill reaccionó ante ese estado de cosas intentando, en Yalta, dar solidez al oeste del continente ante la apisonadora rusa, lo que pasaba por el restablecimiento de Francia en su rango de gran potencia y el principio de no-desmantelamiento de Alemania. No fue por altruismo que el primer ministro hizo a los franceses este soberbio regalo, sino en nombre del viejo gen diplomático británico: no dejar el continente a merced de un solo país.

Los dos occidentales se vieron, desde entonces, obligados a avalar una parte del estado de cosas, teniendo en cuenta el avance de las tropas soviéticas, como la transferencia hacia el oeste de Polonia, hasta la línea Oder-Neisse, y el reconocimiento de las fronteras de la URSS en 1941. Stalin concedió a sus asociados, es cierto, una declaración sobre la Europa liberada que prometía elecciones libres y el establecimiento de las democracias en la Europa del Este. Para el turiferario del principio diplomático −«lo mío es mío, lo tuyo es negociable»− se trataba solo de un papel mojado. Pero para los norteamericanos, apegados a la vieja regla −*pacta sunt servanda*−, era un compromiso irrevocable. Que no se respetara fue la razón, o el pretexto, del cambio de opinión de Estados Unidos y de su decisión de poner fin al expansionismo soviético.

Por lo que se refiere a las discusiones en Yalta sobre la guerra en el Pacífico, constituyeron la mejor ilustración de la diplomacia de Stalin, heredero de los zares. El precio a pagar para que se uniera al combate contra el Japón, aunque fuera como obrero de última hora, procedía en línea recta de las reivindicaciones asiáticas de los zares, algunos decenios antes. Conocedor, como cualquier estadista británico, de las reglas del cinismo diplomático, Churchill había descubierto evidentemente los móviles de Stalin. De ahí su insistencia ante Eisenhower para que apretara el acelerador y entrase en Berlín antes que los soviéticos. Pero sus deseos toparon con las coartadas técnicas de los generales norteamericanos, a quienes no contradecía ninguna instrucción procedente de su comandante en jefe, el presidente de Estados Unidos.

Tras haber analizado la naturaleza de sus interlocutores –estadounidenses poderosos y pusilánimes, ingleses realistas pero agotados–, Stalin ni siquiera esperó al armisticio para lanzarse hacia delante y controlar Polonia contradiciendo los compromisos aceptados en Yalta. A su modo de ver el porvenir estaba claro. O Estados Unidos dejaba realmente que el Reino Unido se encargara de la seguridad de Europa, una formidable ganga teniendo en cuenta el agotamiento británico, lo cual liberaría de cualquier límite el expansionismo soviético en el continente. O Estados Unidos no podía evitar desempeñar un papel importante y, en este caso, la sana política era acumular las prendas territoriales.

En esta partida, la ideología era solo un disfraz de la tradicional política de potencia de los zares. Con semejantes reflejos en el ánimo, ¿cómo Stalin no habría contemplado como una confesión de debilidad la decisión norteamericana, que los británicos siguieron muy a regañadientes, de hacer que regresaran sus tropas que habían avanzado más hacia el este, en la línea de demarcación prevista inicialmente con los soviéticos? Él nunca habría llevado a cabo ese gesto, de haber estado en condiciones de ocupar más terreno de lo previsto.

No comprendía, en cambio, por qué a los norteamericanos les importaban tanto las elecciones libres en Europa. Para un empecinado de la *Realpolitik*, el mesianismo no puede ser serio: son palabras por las que Estados Unidos no arriesgaría la menor tensión. De ahí un desacuerdo que, desde la conferencia de Potsdam, dominará las relaciones entre ingleses y estadounidenses por una parte y soviéticos por la otra.

Pero Estados Unidos se guarda mucho de utilizar la baza del arma atómica, en sus manos ahora, para obligar a Stalin a hacer concesiones. Si Churchill hubiera gobernado Estados Unidos, con su temperamento, tal vez se habría aprovechado de esta fugaz ventaja para modificar la relación de fuerzas, tan seguro estaba de que también los soviéticos accederían algún día a la bomba. Pero ni el espíritu norteamericano ni la ideología ambiental podían llevar a Truman a jugar de este modo. Ni él, ni Roosevelt, ni ninguno de sus predecesores –a excepción, tal vez, de Theodore Roosevelt– razonaban con el gélido cinismo de los Metternich, Bismarck o Clemenceau. Eso habría sido una actitud antinómica con el aislacionismo y el mesianismo: estaba, pues, fuera del boceto.

Descartado el riesgo de semejante presión, Stalin tenía las manos libres. Su principio de acción era límpido ahora: cada cual es dueño en su esfera de influencia. No intentó, así, crear desorden en el Oeste por medio de la acción de los partidos comunistas locales. Si ordenaba de buena gana a Maurice Thorez que no zarandeara el poder en Francia, quería que nadie le molestara en su propio espacio. Los norteamericanos le hablaban en una jerga extraña: reglas de derecho, elecciones democráticas, derecho de los pueblos a disponer de sí mismos. Pero, simultáneamente, tenían en la despensa el arma nuclear y ni siquiera la blandían. ¿Cómo iba a tomarles en serio el heredero de los zares?

Ciertamente, Churchill fue el primero que dio la alarma el 5 de marzo de 1946, en Fulton, Missouri, al denunciar el «telón de acero que había caído desde Stettin, a orillas del Báltico, hasta Trieste, a orillas del Adriático». Frente al peligro soviético, apelaba a la alianza de Estados Unidos y la Commonwealth británica y, sobre todo, a una unidad europea «de la que ninguna nación debiera ser permanentemente apartada como un paria». Eso suponía desear la reinserción de Alemania en el bloque occidental. Atractivas palabras viniendo del único estadista británico que se levantó, en los años treinta, contra el renacimiento del expansionismo alemán, antes de convertirse en el adversario absoluto del nazismo en 1940. El punto de partida de su análisis era muy sencillo: «No creo que la Rusia soviética quiera la guerra. Lo que desea son los frutos de la guerra y la expansión ilimitada de su poderío y sus doctrinas». Ese bocinazo no tuvo eco alguno. Estados Unidos no quería entrar en una lógica de amenazas, incluidas las nucleares, con respecto a una Unión Soviética tanto más arrogante cuanto que estaba agotada. Desde entonces, todo era solo apariencias y modalidades. Los regímenes de la Europa central se convirtieron al comunismo con más o menos facilidad, siendo el golpe de Praga solo el más radical de los métodos.

Habiéndose equivocado con Stalin, habiéndolo analizado a través de su propio prisma, habiendo tenido la sensación de haber sido engañado, Estados Unidos se puso brutalmente rígido. Fue la guerra fría. ¿La habría evitado mostrándose más firme como Churchill había deseado ya en 1945? Tal vez, pero semejante actitud habría contrariado su aislacionismo y su mesianismo. Nunca se ha comportado, y nunca lo hará, como una vieja potencia europea. Caídos los países de la Europa central en la escarcela soviética, Estados Unidos decide poner freno al expansionismo bolchevique. Paso ahora a la «canalización», de acuerdo con la palabra de George Kennan. Esa será entonces la política norteamericana, con pocas excepciones, hasta el advenimiento de Gorbachov. Estabilizará el mundo, limitando el enfrentamiento entre ambos bloques a unos envites periféricos con respecto a los cuales los dos Grandes avanzarán enmascarados, protegidos, pues, por aliados locales.

La «canalización» precede al equilibrio del terror: Estados Unidos se lanza a esta política, antes que la Unión Soviética se convierta en una potencia nuclear de pleno ejercicio.

Su motivo no es, pues, el miedo, sino la toma de conciencia del carácter irreconciliable de las filosofías norteamericana y soviética. Todo queda dicho en el memorándum de Kennan: «En la base de la visión neurótica de los asuntos mundiales por el Kremlin está el tradicional sentimiento que los rusos experimentan de vivir en la inseguridad... Siempre han temido la penetración del extranjero, el contacto directo entre el mundo occidental y el suyo, lo que ocurriría si los rusos supieran la verdad sobre el mundo de más allá o si los extranjeros se enteraran de la verdad sobre el mundo del interior. Y han aprendido a considerar que su seguridad sería el fruto de esfuerzos pacientes pero fatales, que pretenden destruir por completo una potencia rival, nunca en entendimientos o compromisos con esta».

Como siempre con los estadounidenses, una vez fijada la estrategia, la desarrollan sin miramientos, sin a priori ideológico, sin el recuerdo de los traumas históricos. El mesianismo no prevalece sobre el aislacionismo; uno y otro se apoyan. El primero se expresa en la voluntad de defender la democracia en todas partes donde existe y promoverla en las demás. El segundo se adapta a través de una nueva definición de la línea de defensa de Estados Unidos. Dean Acheson lo formula con claridad: «Para Estados Unidos, tomar medidas para fortalecer países amenazados por la agresión soviética o por la subversión comunista era proteger su propia seguridad».

La defensa de Estados Unidos no se limita a la santuarización de su continente, también actúa en los límites del mundo comunista. Se diseña entonces una política internacional de una magnitud sin precedentes. La creación de la OTAN desplaza la frontera militar de su propio territorio al de sus aliados: solo la convicción de que los intereses vitales de Estados Unidos se defienden a miles de kilómetros de su casa autoriza un compromiso de acción automático en los antípodas de las tradicionales reglas diplomáticas norteamericanas. El plan Marshall está destinado, por su parte, a asegurar la recuperación de la Europa occidental, para evitar así que la pobreza y la angustia europeas abran una ancha avenida a las pretensiones soviéticas relevadas en algunos países, como Francia, por el peso de los partidos comunistas locales.

Desde este punto de vista, no existe ya problema alemán. Alemania debe recuperarse, por la misma razón que los demás países europeos, y constituir el peldaño avanzado de Occidente, frente al Imperio soviético. Pero, moralismo obliga, el dispositivo militar y económico no alega como objetivo la protección de los territorios, sino la defensa de los principios. Es cosa de circunstancias que la salvaguarda de estos principios suponga proteger a numerosos países del expansionismo soviético. Para los europeos acostumbrados al cinismo de la diplomacia, este disfraz ideológico es una concesión retórica al idealismo norteamericano, pero para Estados Unidos es la propia base de su intervención, durante cuarenta años, en los asuntos del mundo.

En cuanto están en juego los principios, no hay ya compromiso posible, intercambio de buenos procedimientos, de rectificaciones territoriales entre los dos bandos enemigos. La rigidez es la regla. Rigidez de ambas alianzas organizadas alrededor de los dos jefes de fila, norteamericano y soviético. Imposibilidad de pasar, como en los sistemas de antaño, del uno al otro: cualquier deserción podría crear la deflagración. Rigidez territorial: el reparto del mundo es límpido y cualquier modificación al margen adopta una magnitud desproporcionada. Lo atestigua el lugar que ocupa la «astilla cubana», hasta hoy, en la mentalidad estadounidense. ¿Cómo no sentirse fascinado por la incapacidad de los presidentes norteamericanos más liberales, Clinton y Obama, para tocar el embargo, incluso después de la desaparición de la Unión Soviética? Rigidez militar, con dispositivos destinados a proteger la línea del frente, de un extremo a otro del globo. Rigidez en el juego de la disuasión, para evitar, gracias a un compromiso de inmediata llegada a los extremos, el riesgo de conflictos nucleares menores e incontrolables. Nunca la historia de los sistemas de seguridad colectiva forjó una organización tan intangible.

El desequilibrio no puede crearse a partir de enfrentamientos locales o de escaramuzas. Solo dos tipos de acontecimientos pueden engendrarlo. La aparición de una desigualdad nuclear, en primer lugar, si uno de los dos protagonistas adquiere una ventaja técnica que ponga fin a la mutua disuasión. Eso ocurrirá con el lanzamiento, por Ronald Reagan, del «escudo antimisiles» cuya finalidad será poner Occidente al abrigo de un ataque nuclear soviético, lo que habría suprimido el propio juego de la disuasión. Los soviéticos serán conscientes del riesgo, harán mangas y capirotes para que los norteamericanos retrocedan y, al no lograrlo, se lanzarán a una marcha forzada tecnológica fuera de su alcance que contribuirá a la descomposición del sistema comunista. Una desestabilización interna en segundo lugar, pero ninguno de los dos jugadores puede permitirse ser atrapado en flagrante delito de haberla fomentado. Los soviéticos se adecuaron a esta regla impidiendo que los partidos comunistas occidentales se lanzaran al asalto del poder y los estadounidenses se guardaron mucho de alimentar las revueltas internas en la RDA, Hungría y Polonia, dijera lo que dijese la propaganda moscovita.

Teniendo en cuenta la prudencia de las dos superpotencias, el enfrentamiento solo puede proceder del comportamiento de aliados de segunda fila: en cuanto una situación local se envenena, los dos Grandes se encargan siempre, de común acuerdo o no, de hacer que la fiebre baje. Así han procurado siempre impedir que el polvorín de Oriente Medio se inflame más allá de ciertos límites. Entonces, a ambos jugadores solo les queda ya hacerse algún «corte de manga», los soviéticos jugando a fondo la carta del general De Gaulle para alentarle en su política de independencia nacional y los norteamericanos haciendo lo posible para impedir que Tito vuelva al redil.

Pero son diversiones subalternas que no modifican la relación de fuerzas. Así, los soviéticos comprendieron, durante la crisis de Cuba, que el general De Gaulle era, si las cosas iban realmente mal, un aliado más que fiel de los estadounidenses. En un sistema tan rígido, cualquier innovación es percibida como un peligro. Así ocurrió con la violenta desconfianza que inspiró a los norteamericanos la *Ostpolitik* de Willy Brandt. Temieron que se abriera una grieta por la que se metería la Unión Soviética. Lo simétrico ocurre con el pánico ruso ante las aspiraciones liberales de los polacos, en 1956, o de los checos en 1968. Las reacciones, claro está, no eran de la misma naturaleza:

la potencia democrática se inquieta, morigera a su asociado, intenta influir en él, pero le deja jugar su partida; el régimen dictatorial pasa rápidamente de la incomprensión al chantaje y de este al envío de columnas blindadas.

La emergencia en Bandung, en 1955, del movimiento de los no-alineados, abrió para ambos rivales un espacio de juego donde desplegar su talento diplomático, sus subsidios e, incluso, sus instrumentos de corrupción; pero se trataba de una zona gris donde el uno intentaba pasarle al otro la mano por la cara sabiendo que lo esencial no estaba en juego y que todos los avances eran reversibles, sin poner en cuestión el equilibrio global. Así, cuando Sadat sustituye la alianza soviética por una parcial alineación con Estados Unidos, eso no produce ninguna tensión grave entre Moscú y Washington. Nada que ver con el seísmo que habría provocado si Hungría se hubiera pasado al Oeste, o la toma del poder en Lisboa, en 1974, por Álvaro Cunhal, tras la «Revolución de los claveles». Asimismo, cuando uno de los dos Grandes se veía enfrentado directamente a un aliado del otro, este sabía cómo hacerlo para no llegar demasiado lejos. Así ocurrió con la actitud soviética durante la guerra del Vietnam o con la contención norteamericana cuando la URSS ocupó Afganistán. Si la Unión Soviética hubiera conocido los éxitos económicos que Kruschev profetizaba, la guerra fría habría podido perpetuarse durante muchísimo tiempo.

A pesar de su retórica sobre la ineluctable victoria de la libertad, los estadounidenses se habían instalado en la convicción de que el mundo estaba duraderamente dividido. La retahíla de acuerdos de reducción de armamento nuclear era su mejor ilustración. El objetivo de ambos actores era reducir marginalmente los costes de mantenimiento de un sistema bipolar. Puesto que la estabilidad podía mantenerse con presupuestos reducidos, ¿por qué imponerse gastos inútiles? No fue una súbita bocanada de pacifismo lo que motivó a Moscú y Washington, puesto que conservaban arsenales capaces de hacer saltar en pedazos mil veces el planeta, sino, como dos empresas en situación de duopolio, el deseo de gestionar lo mejor posible. Los soviéticos eran, por otra parte, los más convencidos de la perennidad de la guerra fría, tan incongruente les parecía la idea de una desestabilización en su propia casa.

Era en Occidente donde germinaba, entre la opinión pública, el temor a perder la guerra fría, puesto que el fuego democrático podía obligar a algunos gobiernos a soltar lastre, como estuvo a punto de suceder en Alemania, durante el debate SS 20 *versus* Pershing. Perfectamente informados sobre resortes de las democracias, los soviéticos esperaban obtener algunas victorias, gracias a la delicuescencia, en materia estratégica, de opiniones públicas europeas más jóvenes y, por tanto, menos marcadas por el recuerdo del stalinismo. La historia decidió otra cosa y los occidentales no dejaron de quedar sorprendidos ante el encadenamiento de los acontecimientos. Su asombro atestiguó su convicción interna de que la guerra fría, en principio, iba a seguir siendo «por los siglos de los siglos» su realidad cotidiana.

25

El milagro

Iósif Stalin es presentado a menudo como el verdadero padre de Europa, más aún que Jean Monnet. Desaparecido el telón de acero, establecida la solidaridad atlántica, Alemania insertada de nuevo en el juego, la construcción europea caía por su propio peso. ¡Pura ilusión! Los norteamericanos habían decidido enrolar a los europeos bajo su bandera y les habían concedido su protección: se habrían limitado a verles comportándose como una colección de vasallos reunidos por la mera presencia del soberano. Si, por añadidura, se establecía entre ellos un espacio de librecambio, a Washington le habría parecido una señal de inteligencia económica y se habría alegrado de ello. Ni más ni menos. No por casualidad esta concepción fue, durante decenios, la del Reino Unido. Lo es todavía, al menos según el punto de vista de los *Tories*.

El proceso comenzado por iniciativa de Jean Monnet y de Robert Schuman es de otra naturaleza. Concebido, al principio, para asegurar la paz en el continente gracias a una imbricación de las economías de los antiguos beligerantes, respondía a un imperativo de seguridad. Monnet estaba convencido de que, si Francia y Alemania compartían el carbón, el acero y el átomo, no tendrían ni la idea ni los medios de hacerse otra vez la guerra, en caso de que la alianza que los reunía, frente a la URSS, llegara a desaparecer, y si acababan fusionando sus ejércitos a través del proyecto de la CED, esa petición de principio sería a fortiori cierta. Arrojada a la basura la CED, el Mercado Común se convirtió en su sustituto en el plano económico.

Doce años después de que terminara la guerra, el tratado de Roma era, evidentemente, de una escalofriante audacia. Pero nadie habría imaginado que se inauguraba un proceso sui géneris cuyo final no conocemos aún. Las sucesivas ampliaciones al Reino Unido, luego a todos los países del oeste del continente, salvo Suiza, el fortalecimiento de las instituciones siguiendo una retahíla de tratados hasta el de Lisboa, el gran mercado, la construcción del euro, Schengen, la ampliación a los países de Europa central liberados del comunismo, los mecanismos de solidaridad financiera, la libre circulación de las personas: desde hace cincuenta años está en marcha una dinámica que, a pesar de las dificultades cotidianas y de verdaderos sobresaltos, como el rechazo en 2005 de la Constitución o la crisis del euro, nunca ha vivido un retroceso. Ahora no son el miedo al comunismo ni los miríficos efectos de la apertura económica los que justifican la marcha hacia delante. El movimiento se perpetúa por una sola y fundamental razón: esta construcción no pide a los Estados miembros que hagan abstracción de su ADN; es compatible con cada uno de ellos, aunque les incite delicadamente a una modesta mutación genética.

De Alemania, así, de buenas a primeras. Sin duda, estaba dispuesta, al comienzo, a abandonar, en el altar de la rehabilitación, sus dos genes –el pueblo-nación y el Estado racional. Pero finalmente los protegió, bajo la sombrilla europea, pasando solo de una visión hegeliana del Estado racional a una concepción más «habermasiana» y por tanto más tranquilizadora. Una vez llevada a cabo la reunificación, la República Federal corresponde al pueblo-nación. Las transferencias forzosas de población, en 1945, suprimieron en efecto el lacerante tema de las minorías alemanas en Polonia o en Checoslovaquia. Stalin, sin quererlo, contribuyó a resolver la enojosa cuestión alemana para mayor bien de Occidente. El único vestigio de los antiguos tiempos fue, hasta el gobierno de Schröder, la supervivencia del derecho de sangre: era de nacionalidad alemana cualquier persona que tuviera dos abuelos alemanes. La adopción, como complemento, del derecho de suelo trivializó la ciudadanía alemana y alivió la herencia del pueblo-nación. La reunión de la familia alemana bajo el techo de la construcción europea transformó la mirada de los demás. El pueblo-nación no da ya miedo; no tiene ya vocación de excluir –el derecho de suelo obliga: se banalizó y corresponde a una identidad nacional de tipo clásico. Por lo que se refiere al Estado racional y a su fundamento jurídico, ha evolucionado hacia el «patriotismo constitucional» tal como lo formuló Habermas. La Ley fundamental es lo que construye la nación alemana, es decir sus principios, sus complejos equilibrios entre el *Bund* y los *Länder* y su ejemplaridad democrática. Extraordinaria autoafirmación –una nación basada en su naturaleza democrática– por parte de un Estado, lejano heredero del III Reich. Pero esta forma de Estado racional se desarrolla a fortiori en un modelo de sociedad europea que se ha convertido en la más liberal de Occidente, incluido Estados Unidos, en términos de libertades individuales, de hábeas corpus, de respeto a las diferencias, de culto al individuo. Para la Alemania «habermasiana», Europa es un maravilloso baño amniótico. Cuando el Tribunal Constitucional de Karlsruhe complica la política europea de Berlín al indicar que las nuevas cesiones de soberanía deben, en nombre de la democracia, ser avaladas por el pueblo soberano e inscritas en la Ley fundamental, no intenta bloquear el proyecto de una Europa más unida y reinventar un nuevo *Sonderweg*, sino que llega hasta el fin el patriotismo constitucional. La Alemania de la posguerra era europea por mala conciencia y deseo de rehabilitación. La Alemania de hoy lo es con naturalidad: Europa no le pidió que abandonara sus genes; le permite existir en tranquilidad democrática. Sin duda, esta suavidad tiene una contrapartida: a los alemanes les cuesta comprender que deben pagar por los países periféricos de Europa como lo han hecho por los *Länders* del Este. Es un impuesto que se hace más difícil de justificar políticamente en un entorno tan democrático y europeo.

Del lado francés, la construcción europea ha acabado haciendo buenas migas con el ADN del país, es decir, con su afición al poderío. No fue fácil, pues los defensores de la Francia eterna vieron durante mucho tiempo, en la aspiración europea, una abdicación. Pero adoptaron progresivamente una visión que convierte la Unión Europa en el único medio, para Francia, de proyectarse a mayor escala. Nadie formuló mejor este enfoque que el condestable de la Francia eterna, en ese caso el general De Gaulle: «Europa es la palanca de Arquímedes de Francia». De ahí un enfoque de la construcción comunitaria poco comestible, a menudo, para nuestros asociados. Europa debe ser mercantilista y colbertista a escala mundial como Francia lo fue antaño; exige una política exterior independiente como nosotros la teníamos; merece afirmar su universalismo en el mundo, como hacíamos en tiempos de nuestra grandeza. Es una postura que no ha dejado de hacer que nuestros asociados respingaran: solo el Reino Unido, antigua potencia imperial también, comprende la «palanca de Arquímedes», pero su liberalismo topa, en cambio, con nuestro mercantilismo. Los países del Norte no entienden nada, Alemania incluida, de esta voluntad de influencia por delegación. Los países latinos soportan, por solidaridad, nuestras chifladuras. Desde este punto de vista, acostumbrada al federalismo y al juego de poderes y contrapoderes, Alemania se siente más cómoda en el bizantinismo de las instituciones europeas que una Francia modelada por el ejercicio del poder como una regalía. Pero esta ha acabado poniendo buena cara al mal tiempo; ha aprendido, contrariando su temperamento, el arte del compromiso. Empuja al máximo a sus asociados, en nombre de su gen de poderío, para convertir la Unión en un actor principal de la que ella sería la inspiradora, aun sabiendo que tendrá que soltar lastre. Ha comprendido, sobre todo, que una acción comunitaria, aunque esté por debajo de sus aspiraciones, será siempre más eficaz que una política nacional que, sobre todo, le haría evaluar su marginación a la escala del mundo.

La ecuación británica con respecto a la Unión Europea es, evidentemente, más complicada dada la situación del Reino Unido que, de acuerdo con su tradición, desea estar al mismo tiempo dentro y fuera. Dentro utilizando admirablemente su natural capacidad de influencia y de sofisticación en el seno de la maquinaria bruselense. Dentro por adhesión a todos los aspectos librecambistas y mercantiles de Europa. Fuera por su negativa a unirse al euro y por la multitud de opciones de salida –las *opt-out*– que consiguió que sus asociados reconocieran. Incluso después de la adhesión, hace casi cuarenta años, esta política parece la aplicación de los principios más tradicionales de Gran Bretaña frente a un nuevo avatar de la organización continental. Era coherente con el mantenimiento de otras características del país: la apertura al mundo, el vínculo privilegiado con Estados Unidos, la capacidad de actuar, a través de la Commonwealth, con palancas distintas a las de los Estados continentales, el lugar de la City en la organización de las finanzas mundiales, la sombra proyectada por un Imperio, aun desaparecido, que había cubierto una increíble porción del planeta. Pero esos rasgos van borrándose. El Reino Unido ya no es una importante potencia comercial; la Commonwealth pertenece a un antañón folclore; el recuerdo del Imperio se ha desvanecido; la City va a afrontar, además de Wall Street, Shanghai, Singapur y, mañana, Bombay; y sobre todo Estados Unidos se ha vuelto indiferente a cualquier relación privilegiada con Londres. Gran Bretaña ya solo es, para él, el país europeo de lengua inglesa. Menos importante, en una perspectiva mundial, que tantos Estados problemáticos, de Pakistán a Israel, de la Arabia Saudí a Irán... E incluso en el interior de Europa, Alemania cuenta más, al modo de ver de Washington, dado su peso económico. Quedaba el papel específico de un aliado militar de absoluta fidelidad. Pero la violencia de los recortes en el presupuesto británico de defensa, el regreso de Francia, potencia nuclear también, al seno de la OTAN, trivializan la especificidad de Londres.

En estas condiciones, el Reino Unido se ve ahora confrontado a una elección esencial, que contraría sus genes: convertirse en un actor europeo de pleno derecho, unirse al tándem franco-alemán y aceptar, también él, que Europa se convierta en su palanca de Arquímedes; o satisfacerse tontamente, por algunos años aún, con una situación que cada día se parecerá más a un «espléndido aislamiento». Si Londres se decide a ser un actor de pleno derecho de la escena europea, desempeñará en ella un papel superior a su poderío real, pues su habilidad, su genio de influencia, su modo solapado de actuar serán bazas en el interior de la complejidad bruselense. Asociado júnior de la Unión, ocupa ya un lugar exorbitante; asociado de pleno derecho, se convertiría tanto más en el eje cuanto que sabría inmiscuirse entre Berlín y París con su talento sin igual cuando se trata de dividir para reinar.

El ADN de Italia, por su parte, siempre le permitió sentirse cómoda en la construcción europea: es un sistema bizantino en el que un *soft power* encuentra su lugar más naturalmente que un *hard* power. En estas condiciones, salvo por el paréntesis berlusconiano que vio como la península se tomaba unas vacaciones europeas, Roma ha sido un alumno ejemplar de la clase europea.

La europeidad de España es más paradójica. Su entrada en la Unión fue no solo un medio de recuperar su retraso económico, sino también un modo de escapar al gen del declive. Madrid no miraba ya hacia atrás, hacia su grandioso pasado, sino hacia un objetivo simple: alcanzar a los demás, sentarse a la mesa de los europeos, regresar por el atajo de la Unión al Club de los Grandes. Ese objetivo no significaba romper con la *hispanidad*: cuanto más fuerte y respetada se hace España, más se encuentra en condiciones de afirmar su primogenitura con respecto a sus antiguas colonias de la América Latina. De todos los grandes países europeos, España es el único que utilizó el mito europeo para escapar de su gen. De ahí una metamorfosis, bajo la férula de la Unión, que ningún otro Estado miembro ha llevado a cabo.

¿Cómo se comportaron Rusia y los Estados Unidos con respecto al ovni europeo? Prisionera de su síndrome de sitio, la Unión Soviética siempre ha detestado la construcción comunitaria y, una vez desaparecido el comunismo, Rusia ha mantenido el mismo estado de ánimo. En nombre de su vieja tradición diplomática, la Rusia soviética o putinista prefiere un mosaico de Estados en el Oeste entre los que poder jugar, a un bloque sólido y coherente. La estrategia es siempre la misma, desde la instalación de sus SS 20 hasta el chantaje del gas: impulsar a Alemania a alejarse de la Europa occidental y recuperar su poder central en el continente. Cuando la amenaza no funciona, Rusia la sustituye por la carta de la seducción: ayer la idea de la reunificación cambiada por la finlandización de la República federal, hoy una cosecha de contratos para *Germany Inc.*, mañana cualquier otra propuesta atractiva.

Los dirigentes alemanes, hasta hoy, han resistido esas tentaciones pero el temor a ver cómo uno de sus lejanos sucesores cedía ante ellas empujó a Helmut Kohl a aceptar el euro, como una cadena que uniera su país a sus vecinos del Oeste. Nadie se inquieta más ante el riesgo de *Drang nach Osten* (marcha hacia el Este) que los estadistas alemanes. ¿Conocen mejor la historia de su país o sus pulsiones actuales? Todos parten de la hipótesis de que Rusia no cambiará de actitud, que intentará siempre sembrar cizaña entre los países europeos y que, por muy poderosa económicamente que sea, Alemania constituye, con ayuda de la historia y la geografía, el eslabón más débil. Al igual que la Unión Soviética cultivaba la Francia del general De Gaulle para meter una cuña en la Alianza atlántica, la Rusia putiniana cuenta con la avidez energética de una Alemania que, privada de lo nuclear, tendrá que comprar su gas para completar el ascenso de las energías renovables. Así pues, Moscú tardará mucho en abandonar su juego del palo y la zanahoria con respecto a Berlín: ese es el gen ruso.

Del lado estadounidense, la actitud es evidentemente menos unívoca. Los aislacionistas se alegran de que aumente la potencia de una

Europa que necesitará cada vez menos al Tío Sam como protector. A los mesiánicos no les gustan estas construcciones nacidas de la razón, que no se refieren a sus valores ni a su ejemplo. Para ellos no puede existir un modelo democrático distinto al suyo: desunidos, los países de Europa no tienen más brújula que Washington; unidos, siguen su propia andadura sin reverencia ni animosidad para con Estados Unidos. Solo los presidentes a quienes su idiosincrasia hizo que se familiarizaran con Europa aprobaron, con la boca pequeña, los progresos de la construcción comunitaria. Clinton y George Bush sénior fueron, desde este punto de vista, los más benevolentes. Barack Obama reacciona, por su parte, en nombre del egoísmo norteamericano y como jefe de un país superendeudado: si la Unión Europea toma a su cargo una creciente parte de la defensa occidental, es bienvenida; si los europeos se unen contando con el poderío militar estadounidense para evitarse gastos, ¡que se vaya al diablo!

Ese es el estado de cosas que tan fascinante hace la aventura europea. Trastorna el tablero sin imponer a los principales países europeos una mutación genética. El Reino Unido, por su parte, no la evitará aunque será menos a causa del proceso de unificación que de los límites alcanzados por su propio modelo. Desde este punto de vista, la intuición de Jacques Delors era luminosa cuando defendía una federación de Estados-nación y no una Europa federal. El federalismo clásico, reproducción del modelo norteamericano, supone un cambio genético de los Estados miembros: les exige que se moldeen siguiendo un modelo idéntico y, por tanto, que rechacen todo lo que, en su naturaleza, se opone a él. Eso supone, aunque formulado de manera más delicada, pedirles que olviden fragmentos enteros de su historia. La federación de Estados-nación, por su parte, es una construcción sin precedentes. Toma los países tal como los ha modelado su ADN y les impone, simplemente, que se introduzcan en una nueva estructura que les proporciona las ventajas de la supranacionalidad, sin un abandono en exceso traumático de los signos de la soberanía clásica.

Esta construcción se emplaza empíricamente. Mezcla procedimientos intergubernamentales, poderes supranacionales, formas ejecutivas y legislativas, dibujando una arquitectura en permanente evolución. Muchas de las peripecias que vive esta construcción están destinadas a cuidar los genes de los Estados miembros, sin dejar de embarcarles cada vez más en la aventura.

La complejidad de su construcción es, sin duda, la razón de su éxito: no topa con tradición nacional alguna pero, no obstante, acaba sometiéndolas al común designio. No hay, en estas condiciones, etapa final con una organización jurídica intangible. La Unión es un ser en permanente devenir. Si no lo fuera, se manifestarían tensiones centrífugas, reaparecerían tentaciones, germinarían conflictos. Paradoja: puesto que la aventura no estará nunca terminada, tal vez suponga para el continente europeo el «fin de la historia» que Fukuyama había creído percibir, erróneamente, a escala mundial. Ignoró el irresistible ascenso de los países asiáticos, el choque de civilizaciones, la fuerza de los irredentismos locales que hacen al planeta más inestable que en la época del comunismo y del duopolio de los supergrandes. Pero si hubiera aplicado su plantilla conceptual a la vieja Europa, su profecía habría recuperado la pertinencia.

La federación de los Estados-nación no tiene la fragilidad de la paz westfaliana basada en la negación de Alemania, ni la del Concierto de las Naciones basado en una solidaridad ideológica, ni la del sistema bismarckiano que llevaba en sí mismo los gérmenes de su propia superación. Toma los Estados por lo que son, sin trabar los movimientos de la sociedad y sin basarse en equilibrios mesurados a la balanza. No intenta, salvo excepciones, obligarlos a negar sus propios genes. Les embarca en un movimiento perpetuo que les hace alzarse por encima de sí mismos sin tener que renegar de nada. Les prohíbe la nostalgia y la vuelta atrás. Mezcla, en una inesperada alquimia, su pasado, su presente y su porvenir. ¿Un milagro? Sí, un verdadero milagro.

Bibliografía[1]

(Las fechas que se mencionan son las de la edición consultada, por lo general la última.)

Obras generales

DUROSELLE, Jean-Baptiste, y RENOUVIN, Pierre, *Introduction à l'histoire des relations internationales,* Pocket, 2007, 530 págs.

KENNEDY, Paul, *Naissance et déclin des grandes puissances,* Petite Bibliothèque Payot, 2004, 992 págs.

KISSINGER, Henry, *Diplomatie,* Fayard, 1996, 860 págs.

Obras específicas y extractos de obras

El ADN de los actores

BEARD, Charles, y BEARD, Mary, *History of the United States,* 1921, Macmillan Company (capítulos 1, 2, 3, 4 y 20).

BÉRENGUER, Jean, *Histoire de l'Empire des Habsbourg,* Fayard, 1990, 809 págs. (capítulos 8, 11, 12, 15, 24, 26 y 28).

BÉRENGUER, Jean, *L'Autriche-Hongrie, 1815-1918,* Armand Collin, 2008, 192 págs.

---

[1] Agradezco a Gabriel Zucman que, una vez más, me ayudara a recorrer mi camino a través de esas innumerables obras.

BLACK, Christopher, *Early Modern Italy: A Social History*, Routledge, 2001 (1.ª ed.), 304 págs. (capítulos 1 y 2).

BOGDAN, Henry, *Histoire de l'Allemagne, de la Germanie à nos jours*, Perrin, 2003, 472 págs.

BOGDAN, Henry, *Histoire des Habsbourg*, Perrin, 2005, 425 págs.

BRICE, Catherine, *Histoire de l'Italie*, Perrin, 2003, 490 págs.

BROMLEY, J. S. (dir.), *The New Cambridge Modern History*, vol. 6: *The Rise of Great Britain and Russia*, 1971, Cambridge University Press, 936 págs. (capítulo 21).

CAIN, Peter, y HOPKINS, Tony, *British Imperialism: 1688-2000*, Longman, 2001, 768 págs. (capítulos 2 y 10). CARR Raymond (dir.), *Spain: A History*, Oxford University Press, 2001, 385 págs. (capítulos 5 y 6).

DAVID, *The Wealth and Poverty of Nations*, W.W. Norton, 1999, 658 págs. (capítulos 15, 16 y 19).

DAVIES, John A. (dir.), *Italy in the Nineteenth Century, 1796-1900*, Oxford University Press, 2000, 313 págs. (Introducción).

DI SCALA, Spencer M., *Italy, from Revolution to Republic: 1700 to t h e Present*, Westview Press, 2009 (4.ª edición), 502 págs. (capítulo 1).

DROZ, Jacques, *Histoire de l'Allemagne*, PUF, «Que sais-je», 2003, 127 págs.

ELLIOT, John Huxtable, *Imperial Spain*, Penguin, 2004, 448 págs.

FERGUSON, Niall, *Empire. The Rise and Demise of the British World Order and the Lessons for Global Power*, Basic Books, 2004, 384 págs.

FICHTE, Johann Gottlieb, *Addresses to the German Nation*, editado por Gregory Moore, Cambridge University Press, 2009, 202 págs.

FIGES, Orlando, *Natasha's Dance – A Cultural History of Russia*, Metropolitan Books, 2002, 770 págs. (capítulo 1).

HARRIS, Trevor, *Une certaine idée de l'Angleterre*, Armand Collin, 2006, 255 págs. (capítulo 2 y 3).

HERDER, H., y Waley, D. (dir.), *A Short History of Italy : From Classical Times to the Present Day*, Cambridge University Press, 1963, 171págs. (capítulos 5 y 6).

HERMET, Guy, *Histoire des nations et du nationalisme en Europe*, Seuil, 1996, 309 págs. (capítulo 5).

HERR, Richard, *An Historical Essay on Modern Spain*, University of California Press, 1974, 320 págs. (capítulos 2, 3, 4 y 5).

HERRING, George, *From Colon y to Superpower – U.S. Foreign Relations since 1776*, Oxford University Press, 2008, 1054 págs. (capítulo 1).

Howe, Daniel Walker, *What Hath God Wrought – The Transformation of America, 1815-1848*, Oxford University Press, 2007, 944 págs. (capítulo 1).

Kagarlitsky, Boris, *Empire of the Periphery – Russia and the World System*, Pluto Press, 2008, 365 págs. (capítulo 6).

Kamen, Henry, *Golden Age Spain*, Palgrave Macmillan, 2.ª edición 2005, 112 págs.

Kott, Sandrine, *L'Allemagne du XIXe siècle*, Hachette Éducation, 1999, 254 págs. (capítulos 1 y 4).

Lieven, Dominic (dir.), *The Cambridge History of Russia*, vol. 2: *Imperial Russia, 1689-1917*, Cambridge University Press, 2006, 800 págs. (capítulos 1, 2 y 3).

Marx, Anthony, *Faith in Nation: Exclusionary Origins of Nationalism*, Oxford University Press, 2003, 270 págs. (capítulos 2, 3, 4, 5 y 6).

Marx, Roland, *Histoire de la Grande-Bretagne*, Librairie Académique Perrin, 2004, 581 págs.

Maurois, André, *Histoire d'Angleterre*, Fayard, 1967, 574 págs.

Michelet, Jules, *Tableau de la France, 1861*. Primera parte del volumen II de *l'Histoire de France*, edición definitiva de 1861, Flammarion, París.

Milza, Pierre, *Histoire de l'Italie, des origines à nos jours*, Fayard, 2005, 1098 págs.

Pierson, Peter, *The History of Spain*, Greenwood, 1999, 248 págs.

Reszler, André, *Le Génie de l'Autriche-Hongrie*, Georg éditeur, 2001, 210 págs. (capítulos 1 y 2).

Riasanovsky, Nicholas, *Histoire de la Russie*, Robert Laffont, 1999, 872 págs.

Rovan, Joseph, *Histoire de l'Allemagne, des origines à nos jours*, Seuil, 1994, 957 págs.

Taylor, Alan John Percival, *The Course of German History*, Routledge, 2.ª edición, 2001, 288 págs.

Taylor, Alan John Percival, *The Habsburg Monarchy*, Hamish Hamilton, I.ª edición 1948, 306 págs.

Tocqueville, Alexis de, *L'Ancien Régime et la Révolution*, 1856, livre deuxième.

Tombs, Isabelle y Robert, *That Sweet Enemy. Britain and France: The History of a Love-Hate Relationship*, Vintage, 2008, 816 págs. (capítulo 1).

TRUXILLO, Charles, *By the Sword and the Cross: The Historical Evolution of the Catholic World Monarchy in Spain and the New World, 1492-1825*, Praeger, 2001, 136 págs.

WEIL, Patrick, «L'accès à la citoyenneté: une comparaison de vingt-cinq lois sur la nationalité», *Nationalité et citoyenneté, nouvelle donne d'un espace européen*, Travaux du centre d'études et de prévision du ministère de l'Intérieur, mai 2002, n.º 5, págs. 9-28.

WOOD, Gordon, *Empire of Liberty – A History of the Early Republic, 1789-1815*, Oxford University Press, 2009, 770 págs. (capítulos 1 y 19).

ZIEGLER, Charles E., *The History of Russia*, Greenwood Publishing Group, 2009 (2.ª edición), 285 págs. (capítulos 1 y 4).

El imperio del mundo es mortal

BLOY, Léon, *L'Âme de Napoléon*, Gallimard, 2003, 133 págs.

BURRIN, Philippe, *Fascisme, nazisme, totalitarisme*, Seuil, coll. «Points », 2000, 315 págs. (capítulos 3 y 7).

GOUBERT, Pierre, *Louis XIV et vingt millions de français*, «Pluriel», Le Livre de poche, 1977, 415 págs. (capítulos 6, 11 y 13).

HOBSBAWM, Eric, *L'Ère des empires*, Hachette Littératures, 1999, 495 págs.

JOURDAN ,Annie, *L'Empire de Napoléon*, Flammarion, 2006, 348 págs. (capítulo 4).

KAMEN, Henry, *Golden Age Spain*, Palgrave Macmillan, 2.ª edición 2005, 112 págs. (capítulo 3).

KINZER, Stephen, *Overthrown. America's Century of Regime Change, from Hawai to Iraq*, Times Books, 2006, 285 págs.

MALTBY, William, *The Reign of Charles V*, Palgrave Macmillan, 2002, 165 págs. (capítulos 1, 4 y 5).

MELANDRI, Pierre, y VAISSE, Justin, *L'Empire du milieu: les États-Unis et le monde depuis la fin de la guerre froide*, Odile Jacob, 2001, 550 págs.

SHENNAN, J. H., *Louis XIV*, Routledge, 1986, 63 págs.

TAYLOR, Alan John Percival, *The Course of German History*, Routledge, 2.ª edición, 2001, 288 págs. (capítulo 12).

TREASURE, Geoffrey, *The Making of Modern Europe*, Routledge, 1985, 672 págs. (capítulo 7).

TULARD, Jean, *Napoléon*, Fayard, 2011, 512 págs.

La redistribución de las cartas

BETTS, Raymond, *Decolonization*, Routledge, 2004, 2.ª edición, 130 págs. (capítulos 2 y 3).

COTTRET, Bernard, *Histoire de l'Angleterre: de Guillaume le Conquérant à nos jours*, Tallandier, 2007, 608 págs. (capítulos 16, 17 y 18).

CROWDER, Michael (dir.), *The Cambridge History of Africa*, vol. 8 (1940-1974), Cambridge University Press, 1985, 1027 págs. (capítulo 2).

DROZ, Bernard, y ROWLEY, Anthony, *Histoire générale du vingtième siècle*, tomo 2, Seuil, 1986.

FERGUSON, Niall, *Empire. The Rise and Demise of the British World Order and the Lessons for Global Power*, Basic Books, 2004, 384 págs. (capítulo 6).

HOBSBAWM, Eric, *L'Âge des extrêmes: histoire du court vingtième siècle, 1914-1991*, André Versaille éditeur, 2008, 810 págs. (capítulo 7).

HOBSBAWM, Eric, *L'Ère des révolutions, 1789-1848*, Hachette Littératures, 2002, 434 págs.

HOBSBAWM, Eric, *Nations el natinalisme depuis 1780*, Gallimard, 2001, 371 págs.

HOPPIT, Julian, *A Land of Liberty? England; 1689-1727*, Oxford University Press, 2000, 603 págs. (capítulo 2).

JAMES, Lawrence, *The Rise and Fall of the British Empire*, St. Martin's Griffin, 1997, 704 págs. (partie V).

KENNEDY, Paul, *Naissance et déclin des grandes puissances*, Petite Bibliothèque Payot, 2004, 992 págs. (capítulos 2 y 3).

PINCUS, Steve, *1688, the First Modern Revolution*, Yale University Press, 2009, 662 págs. (capítulos 11 y 12).

POMIAN, Krzysztof, *L'Europe et ses nations*, Gallimard, 1990, 251 págs. (capítulos 16 y 17).

SCHIRMANN, Sylvain, *Quel ordre européen? De Versailles à la chute du Troisième Reich*, Armand Colin, 2006.

TAYLOR, Alan John Percival, *The Course of German History*, Routledge, 2.ª edición, 2001, 288 págs. (capítulos 3, 4, 5 y 6).

THIESSE, Anne-Marie, *La Création des identités nationales*, Seuil, 2001, 307 págs.

Los tiempos de equilibrio

ARON, Raymond, *Paix et guerre entre les nations*, Calmann-Lévy, 2001, 794 págs.

BLIN, Arnaud, *La Paix de Westphalie, ou la naissance de l'Europe politique moderne*, Complexe, 2006, 213 págs.

BOIS, Jean-Pierre, *De la paix des rois à l'ordre des empereurs, 1714-1815*, Seuil, 2003, 448 págs.

COOPER, J. P. (dir.), *The New Cambridge Modern History*, vol. 4 *The Decline of Spain and the Thirty Years War 1609-48/59*, Cambridge University Press, 1980, 856 págs. (capítulo 14).

GANTET, Claire, *Guerre, paix et construction des États, 1618-1714*, Seuil, 2003, 336 págs.

LEE, Stephen J., *Aspects of European History, 1494-1789*, Taylor & Francis, 2007, 320 págs. (capítulo 16).

SOUTOU, Georges-Henri, *La Guerre de cinquante ans. Les relations Est-Ouest, 1943-1990*, Fayard, 2001, 767 págs.

TREASURE, Geoffrey, *The Making of Modern Europe*, Routledge, 1985, 672 págs. (capítulo 6).

WILSON, Peter H., *Europe's Tragedy: A History of the Thirty Years War*, 2009, Penguin Group. (capítulo 21).

WINOCK, M. (dir.), *Le Temps de la guerre froide*, Seuil, 1994, 474 págs.

Referencias complementarias

BADIE, Bertrand, *L'Impuissance de la puissance: essai sur les incertitudes et les espoirs des nouvelles relations internationales*, Fayard, 2004, 293 págs.

DUROSELLE, Jean-Baptiste, *L'Europe: Histoire de ses peuples*, Hachette Littératures, 1998, 705 págs.

FRANK, Robert, y GIRAULT, René, *Turbulente Europe et nouveaux mondes (1914-1941)*, Petite Bibliothèque Payot, 2004, 513 págs.

FUKUYAMA, Francis, *La Fin de l'histoire et le Dernier Homme*, Flammarion, 1993, 448 págs.

GIRAULT, René, *Diplomatie européenne, nations et impérialismes 1871-1914*, Petite Bibliothèque Payot, 2004, 450 págs.

GIRAULT, René, *Peuples et nations d'Europe au XIXe siècle*, Hachette Éducation, 1996, 271 págs.

HELLER, Michel, *Histoire de la Russie et de son Empire*, Flammarion, 2009, 985 págs.

HERMET, Guy, *Histoire des nations et du nationalisme en Europe*, Seuil, 1996, 309 págs.

HUNTINGTON, Samuel, *Le Choc des civilisations*, Odile Jacob, 2000, 545 págs.

MEAD, Walter Russell, *Special Providence: American Foreign Policy and How it Changed the World*, Routledge, 2002, 400 págs.

MELANDRI, Pierre, y RICARD, Serge (dir.), *Les États-Unis entre uni– et multilatéralisme: de Woodrow Wilson à George W. Bush*, L'Harmattan, 2008, 334 págs.

TAYLOR, Alan, *The Struggle for Mastery in Europe: 1848-1918*, Oxford University Press, 1980, 674 págs.

TERTRAIS, Bruno, *La Guerre sans fin. L'Amérique dans l'engrenage*, Seuil, 2004, 96 págs.